Horst Limbacher

Yes Sir

Erlebnisse aus dem ghanaischen Westafrika
1975 und 2006

Bibliografische Information der Deutschen Nationalbibliothek:
Die Deutsche Nationalbibliothek verzeichnet
diese Publikation in der Deutschen Nationalbibliografie.
Detaillierte bibliografische Daten sind im Internet
über http://dnb.d-nb.de abrufbar.

© 2008 Horst Limbacher
Gestaltung und Satz: Martin Heise

Printed in Germany
Literareon im Herbert Utz Verlag GmbH
Tel. 089–30 77 96 93 | www.literareon.de

ISBN 978-3-8316-1357-1

Inhalt

Vorwort

Aus wirtschaftlichen Gründen suchte ich 1975 einen neuen Arbeitsbereich und landete durch Zufall im Ausland und zwar in Ghana. Die bisher gewonnenen beruflichen Erfahrungen, die Anforderung an ingenieurmäßiges Denken mit Improvisationszwang und die Freiheit, ohne behördliche Zwänge gestalten zu können, veranlassten mich, nach Ghana zu gehen. Danach folgte ein eineinhalbjähriger Aufenthalt in Persien, zu Schah-Zeiten, anschließend ging es dann noch nach Saudi-Arabien. Wenn ich nach dieser Zeit meinem Bekanntenkreis Begebenheiten aus Ghana erzählte, fand ich stets interessierte Zuhörer. Mehrfach wurde ich aufgefordert, diese Erlebnisse niederzuschreiben und zu veröffentlichen.

Eigentlich wollte ich damit sofort danach beginnen, da ich glaubte, dass der Unterhaltungswert groß genug sei. Jedoch verschlimmerte sich die wirtschaftliche Lage in Ghana unter der Regierung von Staatschef Acheampong so sehr, dass mein Konzept von einem oft spöttisch-ironischen oder gar kritischen Reise- und Erlebnisbericht vermutlich nicht zur Veröffentlichung geeignet gewesen wäre.

Nachdem sich in den letzten Jahren die wirtschaftlichen und geschäftlichen Verhältnisse hervorragend entwickelt haben, scheint es nun auch möglich, sozialkritisch und satirisch über gute und schlechte Sitten und Gebräuche der Ghanaen und der europäischen Ausländer im Land zu berichten.

Ich hoffe, ich trete niemandem zu nahe damit, und wenn, dann war es beabsichtigt.

1. Ghana als abenteuerliche Zukunft

Nach der Olympiade 1972 sank die Auftragslage in meinem Ingenieurbüro für Straßenbau und Erschließung auf einen nie gekannten Tiefpunkt. Öffentliche Aufträge blieben aus, da das Budget bereits für die immensen Kosten zur Herstellung der Infrastruktur für die Olympiade verbraucht war. Auf der verzweifelten Suche nach Aufträgen für mein Büro mit zwölf Angestellten antwortete ich, mehr aus Jux, auf das Inserat in einer Fachzeitschrift, das einen Projektleiter für ein Wasserversorgungsprojekt in Ghana suchte. Zu meiner Überraschung erhielt ich Antwort, und aufgrund meines Angebotes und meiner Qualifikation erhielt ich den Auftrag, vor Ort die Projektleitung zu übernehmen. Dabei ging es um eine Wasserversorgungsanlage, die Wasser aus einer Tiefe von ca. 6–7 Meter aus dem Volta-Stausee entnehmen und in einen Hochspeicher pumpen sollte.

Eigentlich war vorgesehen, dass einer meiner Ingenieure diesen Job übernehmen würde; in unserem Büro war die Begeisterung bei der Bearbeitung der Bewerbung riesig gewesen. Doch als der Auftrag, an dessen Realisierung keiner geglaubt hatte, vorlag, verstummte der Enthusiasmus meiner Mitarbeiter schlagartig. Einer nach dem anderen sagte mir mit den nachvollziehbarsten Begründungen ab: »Meine Frau bekommt ein Kind«, oder: »Mein Kind kommt jetzt in die Schule« usw. Der Auftrag lag vor, er war meiner Meinung nach gut dotiert und somit wollte es mir nicht in den Kopf, darauf zu verzichten. Mein Entschluss stand fest: Ich gründete mit einigen meiner Mitarbeiter eine Ingenieur-Gesellschaft mbH und übernahm den Auftrag selbst. Parallel erzählte mir ein

Bekannter, der Junior-Chef einer Augsburger Baufirma, dass er eine Afrika-Safari gemacht hatte, die ihn auch nach Ghana führte. Er war von dem Land so fasziniert, die Begeisterung war so groß, dass er sich entschloss, in Ghana eine Zweigniederlassung seiner Baufirma zu gründen.

Unsere gemeinsamen Fachgespräche wurden immer intensiver und schließlich bot er mir die Geschäftsführung als Niederlassungsleiter der zu gründenden Firma in Ghana an. Auf zwei Beinen steht man besser, dachte ich und flog kurzerhand mit ihm nach Ghana. Noch wenige Wochen vorher hatte ich nicht einmal gewusst, wo in Afrika Ghana liegt und schon gar nicht wie man es schreibt. Jetzt war ich dort, um als Repräsentant einer deutschen Bauunternehmung eine deutsch-ghanaische Joint-Venture-Firma zu gründen, zu leiten und die Projektleitung für ein Wasserversorgungsprojekt zu übernehmen.

Nach einem sechsstündigen Flug nach Afrika hatten wir ca. dreißig Minuten Aufenthalt in Lagos (Nigeria), den wir an Bord des Three-Star-Superjet verbringen mussten. Durch die offene Kabinentüre wehte uns ein Schwall schwüler Luft entgegen, der das Atmen erschwerte. Es war schon ca. 19 Uhr und ich hatte eigentlich eine abendliche Abkühlung erwartet. Dieser erste Eindruck von Afrika, meiner zukünftigen Arbeits- und Lebensumgebung, traf mich wie ein Schlag und ließ eine Vorahnung über die zu erwartenden Klimabedingungen aufkommen. Ich weiß nicht mehr, war es die schwüle Hitze oder die Angst vor unbekannten Anforderungen der neuen beruflichen Herausforderung meines ersten Auslandsarbeitseinsatzes, jedenfalls war ich klatschnass geschwitzt.

Aber der Flug ging weiter und nach einer knappen Stunde landeten wir in Accra, Ghanas Hauptstadt. Wir wurden von einer Delegation abgeholt und in das nahegelegene Star-Hotel gebracht. Auf der Gartenterrasse mit einer blumenüberfluteten, größtenteils überdachten Pergola zwischen riesigen Bäumen fand eine Tanzveranstaltung statt. Es war eine ins Blut gehende Reggae-Musik, wie ich sie später nie wieder gehört habe. Ich war wie benommen von der feucht-heißen Luft, der Musik, den unbekannten afrikanischen Gerüchen und den vielen Schwarzen, die für mich damals alle gleich aussahen. An der Bar wurde ich, als Bayer, mit einem Bier der Club-Brewery mit den neuen verstörenden Eindrücken versöhnt. Die Gläser – typisch englisch –, bis an den Rand gefüllt, ohne Schaum: Es war als Bier nicht zu erkennen, aber es war zu trinken. Auf dem Tisch bildete sich eine Lache vom herablaufenden Schwitzwasser, kein Bierfilz, kein Schaum ...

Beim Rundblick auf die anwesenden Leute fiel mir auf, dass am Rande der Tanzfläche ca. zwanzig junge Frauen standen; jede einzelne stierte mich an und machte aufmunternde Gesten ... Ich war neu, das wussten hier offensichtlich alle. Später erfuhr ich, dass es sich bei den jungen Frauen um Professionelle, Halbprofessionelle oder Amateurinnen handelte. Aber was macht das in Ghana schon für einen Unterschied. Ich fühlte mich deshalb wie der Hahn im Korb, oder um es mit Eugen Roth zu sagen: »Ein Mensch, der nachts schon ziemlich spät, an ein verworfnes Weib gerät, fühlt sich ...«.

Allerdings war der Flug lang und anstrengend gewesen, und deshalb endete der erste Abend mit den neuen Eindrücken und erwartungsvollen Gedanken an meine Zukunft in Ghana letztendlich in traumlosem Tiefschlaf.

2. Der Beginn

Die erste Aufgabe im neuen Land war es, einen geeigneten Joint-Venture-Partner zu finden, das heißt, eine eingesessene Baufirma mit guten Beziehungen zu Auftraggebern und – wie sich später herausstellte – noch wichtiger: zur Bank of Ghana.

Von einer deutschen, wie sich später herausstellte, sehr zwielichtigen Agentur wurden uns mehrere Bewerber genannt. Jeder Bewerber zeigte sich bei den vereinbarten Gesprächen in seiner Bestform, amerikanisch in Jeans, prahlerisch im Rausch von Opiaten oder afrikanisch-authentisch. Und das waren schließlich die Gründe für die Entscheidung: afrikanisch gekleidet, mit rollendem Blick, lebhafter Gestik und charismatischer Überzeugungskraft. Mr. Teye, der Inhaber der kleinen Baufirma Top-Construction Ltd., wurde unser neuer Partner.

Viele Verhandlungen folgten und wurden in einem abschließenden Gespräch konkretisiert. Zur behördlichen Registrierung der neuen Joint-Venture-Firma mussten mehrere Dokumente aus Deutschland angefordert werden. Der Postweg dauerte zu lange und eine telefonische Verbindung war nicht möglich. Also fuhr ich mit dem Taxi zum P & T Post Office von Accra, mit einer Liste der erforderlichen Unterlagen und der Visitenkarte meines neuen Partners.

Im Postamt musste ich den Text gut leserlich mit Druckbuchstaben vorschreiben, der dann von einem ghanaischen Postangestellten abgetippt und auf Lochstreifen übertragen und nach Deutschland getelext wurde.

Nach Zahlung der Gebühren suchte ich mir wieder ein Taxi und fuhr zurück, zeigte dem Fahrer die Visitenkarte mit der Anschrift: Top-Construction, Evian Teye, P. O. Box 371 »Downtown«. Der Fahrer schüttelte den Kopf und deutete nur an, dass er nicht wisse, wo die Firma Top-Construction ihr Büro habe. Wir fuhren über eine Stunde lang durch Accra, da ich hoffte, die besagte Straße wiederzuerkennen, aber leider ergebnislos. Also ließ ich mich zurück zum P & T Post Office fahren, weil ich annahm, dass man dort die Anschrift der Inhaber der jeweiligen P. O. Box wissen müsse.

Mein mühevoller Weg führte mich bis zum Boss von P & T, aber ohne Erfolg. Es gab kein Register mit Adressen der Inhaber von P. O. Boxen. Das schien unglaublich: Die Leute holten sich ihre Post unter der jeweiligen P. O. Box-Nummer im Postamt ab. Was mit der nicht mehr abgeholten Post passiert, weiß niemand.

Zurück im Taxi blieb mir nur noch übrig, die Irrfahrt oder Sightseeing-Tour durch Accra fortzusetzen. Nach weiteren eineinhalb Stunden kam mir plötzlich die Idee zum Hotel zurückzufahren, da die Dame an der Rezeption den neuen Partner Mr. Teye offensichtlich persönlich kannte. Mit Erleichterung stellte ich fest, dass sie meinem Taxifahrer die Anschrift des Büros nennen konnte. Sehr verspätet, aber noch rechtzeitig zu dem Termin kam ich dort an. Meine Erkenntnis aus dieser Episode war: Ohne exakte Anschrift, oder besser noch, ohne eigenen Fahrer sollte man sich als Neuling nicht in eine unbekannte afrikanische Stadt wagen.

Der Vorteil war allerdings, dass ich an diesem Tag durch diese ausgedehnte Sightseeing-Tour Accra visuell umfangreich kennengelernt hatte.

Die besagten erforderlichen Dokumente mussten von Deutschland geholt werden. Da ein Transfer per Post oder Kurierdienst nicht erfolgversprechend war, nutzte ich die Gelegenheit, um nach Deutschland zu fliegen. Außer den arbeitstechnischen Dokumenten wollte ich auch viel allgemein Nützliches mitbringen. Es schien mir nach den wenigen Wochen im Ausland sinnvoll, bestimmte Gegenstände, so z. B. Arzneien, Musikkassetten, Whisky, aber auch Geräuchertes, Radi, Brezen usw., mitzubringen, eben alles, was für eine schöne bayerische Brotzeit notwendig ist.

Auf dem Rückflug nach Ghana saß neben mir ein Schweizer, der laut seiner mir ausgehändigten Visitenkarte Direktor der Club-Brewery war. Ein nettes Gespräch ergab sich, wobei er nebenbei erwähnte »wenn Sie mal Bier brauchen, besuchen Sie mich«. Ich nahm den Satz mehr unterbewusst zur Kenntnis, denn Bier bekommt man normalerweise auf der ganzen Welt in jedem Restaurant oder auf jedem Markt. Später erkannte ich die Nützlichkeit dieser Visitenkarte. Denn Bier kaufen konnte man in Ghana ohne Leergut nirgends. Und Leergut gab es dann auch nur in beschränkten Mengen und war sehr teuer. Das Leergut war also die Rarität.

Bei nächster Gelegenheit fuhr ich also mit meinem Fahrer zur Brauerei und besuchte Herrn Direktor Schneider. Er war sehr freundlich, aber auch sehr beschäftigt und erkannte sofort den Sinn meines Besuches. Er orderte zwei Kasten Bier zu meinem Auto. Ich bezahlte einen Spottpreis und verabschiedete mich. Herr Schneider lächelte freundlich und sagte: »Das nächste mal müssen Sie nicht selbst kommen, schicken Sie nur Ihren Fahrer mit meiner und ihrer Visitenkarte, dann weiß ich Bescheid.« Die Versorgung klappte ausgezeichnet und es sprach sich herum, dass ich immer Bier hatte. So kam es, dass sogar später ein Straßenhändler bei mir nachfragte, ob ich ihn nicht künftig mit Bier beliefern könnte.

3. Das tägliche Leben

Der Joint-Venture-Partner war gefunden. Die Firma war nach langem Kampf behördlich registriert und der berufliche Alltag konnte beginnen.

Auf meinem Schreibtisch mit einer Arbeitsplatte aus Glas, auf dem die schwitzende Hand laufend kleben blieb, stand ein Telefon. Die Benutzung war nicht möglich, da nie eine Leitung zur Verfügung stand. Der Satz der Sekretärin, die mit kreischender Stimme ausrief: »The line is engaged«, klingt mir heute noch im Ohr. Das Handy gab es damals noch nicht. Somit war jeweils der persönliche Besuch vor Ort notwendig, um Gedanken und Meinungen auszutauschen sowie Behördenbesuche und sonstige Besorgungen zu machen.

Mein Fahrer Oglü war in meinen Augen der beste Fahrer Ghanas. Wenn er abbiegen wollte, wirbelte er mit dem Zeigefinger über dem Dach aus dem offenen Fenster in alle Richtungen. Ich habe diese Zeichensprache nie verstanden, aber sie funktionierte. Hervorzuheben war noch seine Autopflege. Täglich wurde das Auto, ein alter VW 1500 mit Fließheck, gewaschen, auch die Motorhaube wurde geöffnet und der Motor abgespritzt, bis die Zündkerzen im Wasser standen. Außerdem startete er jeden Morgen um 6:30 Uhr den Motor, um ihn bei 30 Grad Morgentemperatur warmlaufen zu lassen. Ich hasste ihn dafür: Dadurch brachte er mich täglich um eine halbe Stunde Schlaf. Abgewöhnen konnte man ihm das allerdings nicht, alles Reden war umsonst.

Nur einmal fuhr ich abends ohne Chauffeur. Nach einem abendlichen Kneipengang in meiner Stammkneipe Le Reve wollte ich nachts nach Hause. Mit eingelegtem

Rückwärtsgang, beim rückwärts Ausparken, brach der Schalthebel ab. Er war offensichtlich bei meinem Vorbesitzer bereits abgebrochen und von ihm durch Hartlötung wieder befestigt worden. Ein Vorwärtsfahren war somit nicht mehr möglich und so fuhr ich nachts im Rückwärtsgang zwei Kilometer weit durch Accra nach Hause. Damals war das verkehrstechnisch kein Problem!

Oglü wusch am nächsten Morgen, wie jeden Tag, den Wagen und startete den Motor zum Warmlaufen. Dabei blieb ihm der Schaltknüppel, den ich nur provisorisch wieder aufgesteckt hatte in der Hand. Vom Fenster aus beobachtete ich seine Reaktion. Er tat mir leid, er war aschfahl bis kreidebleich im Gesicht, und das bei einem Schwarzen. Er war sehr entsetzt, weil er glaubte, er selbst habe »sein« Auto demoliert. Ich tröstete und klärte ihn auf. Daraufhin bat ich ihn, ein Ersatzauto aus dem Bauhof der Firma zu holen. Zu dieser Zeit wohnte ein deutscher Werkstudent bei mir, der bei den VW-Werken in Ghana ein Auslandspraktikum machte. Geschickt und fachkundig schlüpfte der unter das Auto und drückte mit dem Schraubenzieher den zweiten Gang ein. Mit viel Kupplung und Anlasser bekam ich das Auto zum Laufen und fuhr ins Büro. Auf dem Weg kam mir mein Fahrer mit einem Ersatzauto entgegen. Er sah völlig perplex auf das entgegenkommende Fahrzeug und hielt mich für einen Geist, der in seinem Auto ohne Schalthebel fuhr. Seit diesem Vorfall sah mich mein Fahrer als eine Art technischen Medizinmann an. Bei allen technischen Fragen und sonstigen Problemen erwartete er Lösungen und Antworten von seinem neuernannten Guru. So sollte ich ihm z. B. auch die Gewinnzahlen für die kommende Lottoziehung vorhersagen.

Nach einigen Wochen folgte mir meine Frau nach

Ghana und erlöste mich auch von den Kochkünsten des Hausboys und der einheimischen Gaststätten, in denen es nur folgende Auswahl an Speisen gab:

Fufu: Knödelteig aus gestampften Jamwurzeln mit Fleischsoße mit viel Red-Pepper und viel Palmöl.

Kenkey oder Abekwan: ebenfalls Knödel, aber mit aufgekochtem, vorher getrocknetem Fisch, und das alles bei meinem übersensiblen Magen.

Wir bezogen ein herrschaftliches Haus. Wie alle Europäer in Ghana wohnten wir, wegen Schlangen und sonstigem Ungeziefer, im Hochparterre, das über eine Freitreppe erreichbar war. Im Erdgeschoss lagen die Boyscouts und deren Duschen sowie die Abstellplätze der Autos. Nach Ansicht des einheimischen Joint-Venture-Partners hatte sein europäischer Partner die Pflicht, aus Gründen der Repräsentation mindestens fünf Personen als Hauspersonal zu beschäftigen. Das waren in unserem Fall: ein Hausboy, ein Koch, ein Gärtner, ein Fahrer und ein Nachtwächter.

Der Nachtwächter, bewaffnet mit Speer und Lanze, war seiner Aufgabe nicht besonders gewachsen, da er in der Nacht regelmäßig einschlief, wenn er nicht gerade seinen islamischen Pflichten zu beten nachkam. Der Fahrer war mein persönlicher Assistent für alles, was ich brauchte. Er war mir treu ergeben, ehrlich und zuverlässig und sorgte sich zum Beispiel, wenn ich vergaß, eine Kopfbedeckung gegen die pralle Sonne zu tragen. Meiner Frau übertrug ich den Verantwortungsbereich für den Hausboy, Koch und Gärtner, was sie zunächst stolz genoss, aber später gerne rückgängig gemacht hätte. Davon jedoch ein anderes Mal.

4. Alle Menschen sind gleich

Was macht man alleine in einem fremden Land nach meist wenig effizientem Tageskampf bei den Registrierungsbehörden? Man geht in die Kneipe um auszuspannen. Der Zufall wollte es, dass ich bereits am dritten Abend auf der Suche nach etwas Essbarem – ohne Red-Pepper und ohne zentimeterdicker Palmölschicht auf dem Teller – eine europäisch anmutende Kneipe fand, das ›Le Reve‹; welches von dem Libanesen »Mike« betrieben wurde. In meiner bayerischen Heimat bin ich auch leidenschaftlicher Kneipengänger und so fühlte ich mich an einem acht Zentimeter dicken Bartresen aus Massivholz sofort wie zu Hause.

Neben mir stand Norbert, ein frech-freundlich grinsender Österreicher, mit einem unwahrscheinlich starken Dialekt, den ich sogar als Bayer nur mit großer Mühe verstehen konnte. Die Freude war groß und die Freundschaft schnell geschlossen.

Für den folgenden Tag lud er mich in sein Haus ein, wo seine Frau österreichisch aufkochte. Es war der Himmel. Von da an trafen wir uns fast täglich und führten heiße Diskussionen. Wobei wir mit zunehmendem Alkoholkonsum auch immer noch klüger wurden. Norbert war schon seit ca. 15 Jahren in Afrika und seit ca. 5 Jahren in Ghana. Er war in der Plastik-Branche tätig und leitete eine Fabrik, in der man Kleinteile, wie die Hülle eines Lippenstiftes, kleine Ampullenhüllen sowie Plastikflaschen usw. herstellte. Er war aus meiner Sicht ein erfahrener Afrikaner, der den Umgang mit Schwarzen beherrschte, und seine Ansichten und Ratschläge waren für mich die alleingültige Wahrheit.

Ich war nach Afrika gegangen, rassistisch absolut

18

unbelastet, frei nach dem Motto: »Alle Menschen sind gleich«. Norbert war anderer Meinung und klärte mich auf: »Zwischen einem Menschen und einem Hund ist der Schwarze.« Ich war entsetzt. Er führte weiter aus: »Einen Schwarzen kann man nicht motivieren und nicht beleidigen, genauso wie einen Hund. Gib dem Hund einen Tritt und lock ihn anschließend mit einem Würstchen, er wird kommen und mit dem Schwanz wedeln. Stelle einen Schwarzen über seine Fehler zur Rede«, meinte er, »mit strengen Worten, so lange, bis er blass wird. Nach einer halben Stunde wird er dich wieder angrinsen, als wäre nichts geschehen. Mit einem ›Yes Sir‹ ist die Abmahnung in der Sache sowie in Ton und Wirkung vergessen. Morgen fängst du wieder von vorne an.« Ich war entsetzt und ungläubig, hatte ich doch bislang wenig Kontakt mit unseren Leuten auf der Baustelle gehabt. Das sollte sich aber bald ändern.

5. Toni

Während der Registrierungsphase unserer Joint-Venture-Firma schickten wir einen ghanaischen Mechaniker, Antony, genannt Toni, nach Deutschland in unser Stammhaus, damit er unseren Maschinenpark kennenlernen und später in Ghana notwendige Wartungsarbeiten und Reparaturen durchführen konnte. Nach sechs Wochen Ausbildung kam er zurück, direkt in mein Büro, und fragte nach der Begrüßung: »Wo ist mein Büro, mein Schreibtisch, mein Auto?«.

Ich war etwas verwundert über diese Frage. Nach längeren Versuchen hatte ich selbst für mich nur einen alten gebrauchten VW 1500 ergattern können. Was war der Sinn der Ausbildung, wenn er sich hinter einem Schreibtisch verstecken wollte. Ich sagte ihm, dass es seine Aufgabe sei, auf den Baustellen und im Bauhof die Wartung und Reparaturen der Maschinen zu betreuen, unter Anleitung eines deutschen Mechanikers, so lange, bis er selbst genug Erfahrung hätte und das selbstverantwortlich tun könne. Erst später erfuhr ich, dass sein Wissensdrang in Deutschland sich mehr auf die Biergärten und deutschen Mädchen beschränkt hatte, und er vormittags gar nicht oder nur sehr verschlafen und sehr unmotiviert am Arbeitsplatz erschienen war. Dennoch hatten wir noch ein freundliches Gespräch, bei dem er mir erzählte, er brauche noch etwas Zeit, um sich eine Unterkunft zu besorgen. Er verabschiedete sich mit der Zusage, in den nächsten Tagen seine Arbeit zu beginnen. Ich wünschte ihm alles Gute und gab der Hoffnung auf eine gute Zusammenarbeit Ausdruck. Er antwortete freudestrahlend mit » Yes Sir« und einem angedeuteten Strammstehen. Ich habe Toni nie wiedergesehen.

6. Der Hafen in Tema

Die neugegründete deutsch-ghanaische Baufirma sollte laut Plan eine marktbeherrschende Position in Ghana einnehmen. Die guten Beziehungen des ghanaischen Partners Mr. Teye zu den Behörden, unser deutsches Knowhow und noch mehr der Maschinenpark, der laut Vertrag zu importieren war, sollten uns grenzenlose Möglichkeiten eröffnen. Nur die Praxis sah anders aus. Die erforderlichen Importlizenzen kamen nicht, da keine Devisen für die Zahlung der Maschinen zur Verfügung standen. Das Geld wurde von der Bank of Ghana für den Import von Gartenzwergen, Schokolade und Schneefräsen (in der Tat Schneefräsen – sie stehen noch heute vor dem Flughafen) verwendet. Je nach dem, wer »guter Beziehung« zu den Entscheidungsträgern in der Bank of Ghana hatte. So versuchte man als Kompromiss ausgediente, gebrauchte Maschinen zu importieren. Sie hatten in Deutschland keine Chance mehr eine TÜV-Prüfung zu bestehen und waren dann selbstverständlich noch mit viel Farbe »generalüberholt« worden.

Nach wochenlangem Warten auf die erste Schiffsladung war dann die Freude groß. Mein erwartungsvoller Weg zum Hafen wurde beim Versuch die Verzollungs- und Entlade-Dokumente zu erhalten schnell gebremst. Aufgrund des alten überholten britischen Systems war es erforderlich, alle Dokumente mit mindestens vier Durchschlägen auszustellen. Außerdem mussten in allen möglichen nötigen oder mehr unnötigen Verwaltungsstationen die erforderlichen Stempel eingeholt werden. Daran scheiterte ich kläglich. Die jeweiligen Schalterbeamten zeigten sich unnahbar. Warten, hieß es, warten, bis der Tag vorüber war. Warum?

Beim Abendtrunk an seiner Hausbar klagte ich Norbert mein Leid. »Du bist blöd«, sagte er, »die musst du schmieren, das ist hier so üblich. Es ist doch nicht dein Geld, und mit kleinen Scheinen flutscht alles. Du wirst sehen.« Widerwillig, jedoch erwartungsvoll stopfte ich mir am nächsten Tag ca. 20 Cedi in kleinen Scheinen (damals kostete z. B. ein Bier ein Cedi) in die Hemdtasche und fuhr am nächsten Tag zum Hafen. Selbstbewusst fuhr ich auf den Eingang des Hafengeländes zu, lächelte den Schranken-Boy an und winkte mit einem Cedi-Schein in der Hand. Wie ein Wunder öffnete er die Schranke mit einem strahlenden Gesicht und salutierte mit »Yes Sir«. Gestern noch hatte ich mein Auto außerhalb des Hafengeländes parken und in der prallen Hitze auf schwarzem Asphalt durch das große Hafengeländе laufen müssen.

Beim ersten Schalterbeamten, den ich aufsuchte, legte ich zwei Cedi zur Erleichterung der Bearbeitung der Papiere in die Dokumentenmappe. Ich schob sie vorsichtig auf das Schalterpult und wartete auf die Reaktion. Ich war verblüfft. Die zwei Cedi-Scheine wurden mit einem Wisch routiniert nach unten in eine eigens dafür bereitgestellte Schuhschachtel befördert. Der Stempel wurde fix auf das Dokument gedrückt und mir wieder zugeschoben, mit einem freundlichen Lächeln und einem »Yes Sir«.

Auf meine Frage, welchen Schalter oder Stempel ich als nächstes bräuchte, wurde ich freundlich zur nächsten Abfertigungsbaracke verwiesen. Ich dankte und er antwortete mit dem Abschiedsruf »Yes Sir«. Ermutigt durch den Erfolg, wiederholte ich die Prozedur und erhielt prompt meine nächsten Stempel, und so ging es weiter. Nach einer knappen Stunde stand ich am Pier vor meinem Schiff und wartete auf das Entladen. Es ging um einen Radlader mit einer drei Kubikmeter großen Ladeschaufel. Aber auch hier war nach dem Auffinden des Lademeisters, der in einer schattigen Ecke der Lagerhalle saß, der Griff zur Brusttasche meines Hemdes erforderlich, um die Lust auf Aktivität zu wecken.

Der Bordkran hievte meine generalüberholte Maschine, hellrot gestrichen, aus dem Bauch des Schiffes und – ließ sie auf die Pier fallen. In den Reifen war keine Luft mehr. Es war deprimierend, wie das Personal mit dem Ladegut umging. Das nächste, was aus dem Schiffsbauch entladen wurde, war eine Wurstmaschine – nigelnagel-

neu. Nur mit einer Gurtschlaufe unter der Verpackungs-
kiste angehängt schwenkte der Kranfahrer die Maschine
über die Pier. Dabei kippte die Kiste mit der Maschine
aus der hohen Schlaufe und krachte auf die Pier. Die dün-
nen Bretter der Verpackung splitterten durch die Luft. Ein
Zahnrad platzte ab und rollte ca. zwanzig Meter weit zur
Pierkante ins Wasser. Ich pfiff mit vier Fingern im Mund
und schimpfte über die Unachtsamkeit, ja Dummheit,
eine Maschine mit nur einer Hängeschlaufe zu entladen.
Der Lademeister meinte leicht grinsend, die Maschine sei
ja versichert. Es interessierte ihn anscheinend nicht, wie
lange der Empfänger darauf gewartet hatte und weiter
warten musste, bis er wieder eine betriebsfähige Maschine bekommen würde.

Während mein – Gott sei Dank – deutscher Mechaniker unseren Radlader betriebsbereit machte, beobachtete
ich, wie ein neuer schwarzer Mercedes mit zwei schweren
Kettengehängen aus dem Schiffsbauch entladen wurde.
Die Kettenglieder drückten sich in den Lack und hinter-
ließen Beulen und Schrammen. Es war zum Heulen.

Erleichtert über die Ankunft unseres Radladers und
einer Betonmaschine fuhr ich nach Hause und erzählte
dem Freund Norbert meinen Erfolg. Seitdem war ich
nie mehr unterwegs, ohne mehrere Cedi-Scheine in der
Hemdtasche.

7. Die Baustelle in Tema

Wir hatten den Auftrag für den Neubau eines Gerichtsge-
bäudes in der Hafenstadt Tema erhalten.

Zur Übergabe des Grundstücks wurde ich von einem ghanaischen Vermessungsingenieur in das Grundstück eingewiesen, da es nur die Teilfläche eines großen Feldes war, auf dem Jam angebaut wurde. Die Jampflanzen standen in einem Abstand von ca. 70 Zentimeter und waren ca. 2,0 bis 2,5 Meter hoch. Der Ghanaer lief vor mir mit Zehensandaletten an den Füßen durch das Feld, um mir die vier Grenzsteine des Grundstücks zu zeigen. Links und rechts raschelte das Laub durch fliehende Eidechsen und sonstiges Kleinvieh. Plötzlich sprang der Vermesser zurück und trat auf meine Stiefeletten, die ich mir noch in Deutschland aus Angst vor Schlangen besorgt hatte. Eine ca. 5 Meter lange Python schlängelte sich auf und davon. Das war meine erste Schlange auf freier Wildbahn.

Am nächsten Tag begannen wir mit dem Site-Clearing, das heißt, ein Caterpillar mit einer Schildbreite von ca. 5,5 Meter wurde angemietet, um die Jampflanzen einschließlich Wurzeln an den Rand der Baulandfläche zu schieben.

Am nächsten Tag fuhr ich zur Baustelle, weil ich an der Leistungsfähigkeit des ghanaischen Subunternehmers etwas zweifelte. Das Baugelände lag ca. 3 Meter über der angrenzenden Schnellstraße, die zur Hafenstadt Tema führte. Die Fahrbahn war in diesem Bereich nass und glitschig, ohne erkennbaren Grund. Erst als ich auf das Grundstück fuhr, erkannte ich die Ursache. Auf dem Schild des Caterpillars saß ein Schwarzer mit einem Buschmesser und killte geschickt die Schlangen, die zur Flucht weder Zeit noch Weg fanden und sich gegen das Maschinenungeheuer als letzten Versuch im Kampf stellten. Am Ende des Grundstückes war bereits ein Haufen toter Schlangen angelegt, ca. 30 Zentimeter hoch und ungefähr 3,0 Meter im Durchmesser. Und der glitschige

Fahrbahnbelag auf der Schnellstraße bestand aus fliehend überfahrenen Schlangen und Eidechsen.

Einen Tag später waren die aufgehäuften Schlangen verschwunden. Waren sie eine Delikatesse für Mensch oder Tier? Ich weiß es nicht.

Da unser Tieflöffel-Bagger noch nicht eingetroffen war, wurden die Fundamente für das geplante Gerichtsgebäude, ca. 10 Meter lang, 2,5 Meter breit, ca. 2,5 Meter tief, von Arbeitern per Hand aushoben.

Am zweiten Tag der Grabarbeiten kam mein Fahrer in mein Büro gestürmt und erzählte mir von Menschenknochen, die man auf dem Grundstück gefunden hatte. Man müsse die Leichen exhumieren und anderweitig beerdigen, aber unbedingt ein Fest feiern, zur Beschwichtigung der Geister. Hier erfuhr ich zum ersten Mal, dass die Kommunikation mit Trommeln perfekt funktionierte. Es funktionierte ja kein Telefon.

Nach Rücksprache mit Mr. Teye, der von der Angelegenheit offensichtlich tief beeindruckt war, rollte dieser seine schwarzen Augen. Er erläuterte mir mit ernsten Worten, dass unbedingt die Geister zu befriedigen seien und ein entsprechendes Fest vom Chief zu veranlassen wäre, da es sonst später zu Rissen im Bauwerk kommen könne. Jedes Land hat seine Sitten, und so bewilligte ich ein Schaf, fünf Hühner, zwei Kisten Cola, zwei Kisten Limonade, zwei Flaschen Whisky usw. Das Fest fand statt, dauerte laut Erzählung bis in die Nacht hinein, und am nächsten Tag lagen die Knochen noch immer an der gleichen Stelle. Kein Mensch kümmerte sich mehr darum.

Am Mittag wurden wieder Knochen gefunden und erneut wurde der Wunsch zum Feste feiern geäußert, was ich aber ablehnte, da wir sonst die nächsten Wochen hätten täglich feiern müssen. Dies wurde mit »Yes Sir« ohne

Widerrede akzeptiert. Das wiederum hat mich etwas erstaunt.

Die importierte Betonmaschine wurde aufgestellt, in Betrieb genommen und ein Maschinist eingewiesen. Außerdem hatte ich angeordnet, dass ein Schutzdach über der Maschine und dem Bedienungspodest montiert werden sollte, um den Maschinisten und die Maschine vor Regen und starker Sonneneinstrahlung zu schützen. Der für diese Baustelle zuständige ghanaische Bauleiter hatte nach seinen Aussagen dreizehn Jahre in England studiert und gearbeitet. Als ich ihn bat, das Schnurgerüst zu erstellen und einen umlaufenden Höhenriss anzubringen, machte er einen etwas unbeholfenen Eindruck. Aber auch er erwiderte »Yes Sir« mit einem freundlichen Lächeln.

Am nächsten Tag fuhr ich routinemäßig wieder auf die Baustelle und stellte fest, dass kein Beton produziert wurde und mein Bauleiter auf dem Bauch vor dem Nivellierinstrument lag, das er auf dem Dreifuß nach unten in den Boden drückte, bis er die Sollhöhe erreicht hatte.

Er gestand mir, dass er schon lange kein Nivellement mehr erstellt hatte und ein bisschen aus der Übung sei. Verständnisvoll bemühte ich mich, ihm das Umsetzen des Instrumentes einschließlich des Umrechnens der jeweiligen Höhe der Blickebene zu erklären und machte mit ihm mehrere praktische Versuche. Voller Begeisterung bedankte er sich mit »Yes Sir«.

Warum kein Beton floss, erklärte er mit »Maschine kaputt«. Ein Blick auf die Schaltarmatur des Gerätes zeigte mir, dass der Überlastschalter wegen der hohen Temperatur angesprungen war. Etwas ärgerlich erklärte ich dem Maschinisten, dass der Motor zu heiß würde und deshalb die Maschine sich automatisch ausschalte.

Ich drückte nur den Überlastschalter zurück und die

Maschine lief wieder. Mit großen Augen wurde ich verabschiedet, nachdem ich erneut auf das Sonnenschutzdach hingewiesen hatte. Am nächsten Tag sah ich zwei Maschinisten auf dem Maschinenpodest, kein Schutzdach, und mein Bauleiter lag wieder auf dem Bauch vor dem Nivellierinstrument. Der zweite Maschinist war erforderlich geworden, um den Überlastschalter mit seinem Daumen am Herausspringen zu hindern. Wütend erklärte ich dem Maschinisten, dass der Motor zu heiß würde und die Lackfarbe der Motorhülle bereits Blasen zeige. Während ich erneut meinem Bauleiter zu erklären versuchte, wie man ein Nivellierinstrument umsetzt, brachte ich die umlaufenden notwendigen Nullhöhen selbst an. Ein Blick zur Maschine ließ mich erstarren. Der zweite Maschinist goss einen Eimer Wasser über den Elektromotor – zur Abkühlung, wie er mir später sagte. Von da an war mein Ton etwas rüder, wenn ein Schwarzer zur mir »Yes Sir« sagte, wusste ich doch, er hatte nur ›Bahnhof‹ verstanden.

Auf der Baustelle wollte ich auch das Akkord-Leistungs-System einführen. Jeder, der mehr leistete, sollte mehr Lohn erhalten, damit auch Drückeberger zur Leistung angehalten würden. Es klang alles so logisch, und allen Leuten, denen ich das leistungsabhängige Vergütungsprinzip erklärte, nickten und schienen begeistert.

Ich ließ Abrechnungskarten drucken und erklärte das System am einfachen Beispiel »Aushub für ein Fundament«. 5 Mann brauchen ca. 8 Stunden. Wenn Sie nur 6 Stunden brauchen, bekämen Sie 25 % Überschuss, d. h. 25 % mehr Lohn für ihre Leistung. Die Leute gingen ans Werk, schaufelten wie verrückt das Loch für das Fundament und gingen nach Hause. Auf meinen Vorhalt, dass, wenn sie weiterarbeiten würden, sie auch mehr Lohn be-

kämen, folgte die Antwort »Overtime, Yes Sir«. Ich gab
es auf. Man kann das Arbeitsrecht und gewerkschaftlich
eingefahrene Systeme nicht in wenigen Wochen ändern.

8. Lohnerhöhung

Es gibt kaum ein Land, das gewerkschaftlich so gut struk-
turiert ist wie Ghana, zumindest auf dem Papier. Zwei
junge Männer erschienen im Büro, um anzukündigen,
dass der Tarifvertrag abgelaufen sei und neue Tarifverhandlungen anstünden. Ich hatte davon keine Ahnung.
Man muss festhalten, dass es zu diesem Zeitpunkt am
Bau nur Tagelöhner gab. Die tägliche Auszahlung wurde
aber nicht praktiziert, da nach dem Lohnempfang der
Arbeiter einfach solange verschwand, bis er wieder Geld
brauchte, um sich dann erneut anheuern zu lassen. Somit
wurden die Leute nur am Monatsende ausbezahlt, aber
dann mit dem gleichen Ergebnis. Die Leute waren nach
der Zahlung weg. Feierten mit ihren Familien und Sippen
mit dem verdienten Geld tagelange Feste, bis das Geld
»alle« war, und dann wurde entschieden, wer aus der
Sippe der nächste war, der zum Arbeiten gehen musste.

Jede Baustelle war eingezäunt, und vor dem Haupt-
eingang einer Baustelle warteten eine Menge Leute auf die
Chance der Beschäftigung. Gleichzeitig versorgten einige
Mamis die Wartenden mit Schnellküchen vor dem Tor.
Wenn unser Bauleiter Facharbeiter engagieren wollte,
fragte er am Tor: »Wer ist Zimmerer?« – Alle hoben die
Hand. »Wer ist Eisenflechter?« – Alle hoben die Hand.
Ich kann nur schwer nachvollziehen, wie er es schaffte,
immer die richtigen auszuwählen. Mr. Teye erklärte mir

in seiner Eigenschaft als Vorsitzender der Bauunternehmervereinigung, dass er verantwortlich sei für die Tarifverhandlungen des ganzen Baugewerbes.

Der vorhandene Tarifvertrag war also abgelaufen, es musste neu verhandelt werden. Mr. Teye sagte mir, ich solle als Weißer in den Bauhof gehen und der angesammelten Masse von ca. 800 Arbeitern, Funktionären oder solchen, die es sein wollten, erklären, dass demokratisch nur mit maximal zwei Männern verhandelt werden könne, da sonst kein vernünftiger Konsens zu erzielen sei. Die Leute sollten also Unterhändler bestimmen. Nach ca. drei Stunden turbulenter Diskussion auf dem Bauhof erschienen zwei Herren im Büro und verlangten die Verhandlungen. Mr. Teye erklärte in Kurzform, dass die schwierige Marktsituation keine Lohnerhöhung zulasse. Er gab jedem der Unterhändler einen Packen mit Schnur zusammengebundener Scheine, 10 000 Cedis, mit dem Auftrag, den wartenden Arbeitnehmern die »Unmöglichkeit der Lohnerhöhung« zu vermitteln, und damit basta. Es kam das erwartete »Yes Sir«. Es gab große Augen und das Geld verschwand in der Kleidung oder wo auch immer.

Es brauchte nur eine Fünf-Minuten-Rede der Unterhändler vor dem versammelten Arbeitervolk und der Bauhof leerte sich. Ich habe schon manche größere Entscheidung am Bau verantwortungsbewusst mitgetragen, aber eine solch korrupte Methode überraschte mich.

Ich erinnerte mich an Diskussionen mit Mitarbeitern von politischen Stiftungen, wie der Konrad-Adenauer-Stiftung, Friedrich-Ebert-Stiftung usw., mit dem Konsens, dass die Entwicklung von Schwarzafrika nicht von außen gehemmt würde, sondern von innen. Schon der Sklavenhandel war ja ein typisches Beispiel. Die kriminellen

Machenschaften von korrupten Machtmenschen haben schnell Eingang in die Dritte Welt gefunden.

Im 17. Jahrhundert war vor allem aus den Küstengebieten der Goldküste (Ghana) der Sklavenhandel betrieben worden. Die Sklavenburgen von Elmina, Cape Coast, Prince's Town sind heute noch Zeitzeugen dieses Kapitels der Geschichte.

Allein in Takoradi in einem ehemaligen Fort an der Atlantikküste können deutlich die Spuren des Sklavenhandels besichtigt werden. Die Gefangenen wurden in Verliese gesperrt, bis sie mit dem nächsten Schiff abtransportiert wurden. Nur junge Frauen konnten sich befreien, wenn sie von den Fortbesitzern geschwängert wurden. Die Geschichtsbücher über den Sklavenhandel berichten, dass der Sklavenhandel meist auch von den Schwarzen gewinnbringend und grausam betrieben wurde. Nicht die Amerikaner haben schwarze Ureinwohner Afrikas gefangen und nach Amerika verschleppt, sondern Schwarze selbst haben ihre Landsleute gefangen und an Sklavenhändler weiterverkauft. Schon damals hat sich das einfache Volk von einigen Machtmenschen (ob schwarz oder weiß) gegen Geld beherrschen lassen, damals durch menschenunwürdigen Sklavenhandel, heute durch korrupte Tarifverhandlungen.

Im Nachhinein berührt es mich unangenehm, dass ich wegen der fehlenden Kenntnis der ghanaischen Verhandlungssprache keinen Einfluss auf die Verhandlungen genommen habe.

9. Red

In unserem Bauhof mit eigener Schreinerei, Zimmerei, Schlosserei und Eisenbiegerei waren auch vier Elektriker beschäftigt, von denen einer ein Albino war. Seine roten Haare und seine roten Augen fielen sofort auf. Außerdem hatte er eine starke, sonorig-markante Stimme. Es ergab sich von selbst, dass er in der Gruppe der Leader, der Chef der Gruppe wurde. Ich traf die Gruppe auf einer Baustelle, wo sie einen Kran reparierten, beobachtete sein Handeln und erkannte seine Führungsqualitäten. Als ich ihn zu mir rief, erklärte ich ihm, dass ich sehr zufrieden mit seiner Leistung sei, und versprach ihm, wenn er seine Gruppe weiterhin so gut im Griff habe, würde ich ihn zum Betriebsmeister der Elektroabteilung befördern. Aus meinem Kofferraum holte ich aus der immer mitgeführten Eisbox zwei kleine Biere. Wir tranken dann noch ein zweites Bier (1/3 Liter) und unterhielten uns prächtig. Mit den Worten »Also streng dich an« verabschiedete ich mich. Er antwortete lächelnd mit »Yes Sir« und ich fuhr auf die nächste Baustelle.

Am nächsten Tag fehlte Red im Bauhof; auch am zweiten und dritten Tag kam er nicht. Keiner wusste Bescheid. Ich fragte meinen Driver, ob er wisse, wo Red wohne. Oglü nickte und fuhr mich zu ihm. Auf einer freien, wenig bewachsenen Wiese stand ein kleines Haus. Davor stand ein Tisch mit einer Bank, darauf saß Red und reparierte ein Gerät, das ich nicht identifizieren konnte – Radio, Kassettenrecorder oder etwas ähnliches. Red strahlte, als er mich sah, kam auf mich zu und begrüßte mich. Auf meine Frage, warum er nicht zur Arbeit erscheine, antwortete er »ich bin doch jetzt dein

Freund, wir haben gemeinsam Bier getrunken, ich brauche jetzt doch nicht mehr arbeiten«. Ich klärte ihn über das offensichtliche Missverständnis auf und forderte ihn auf, wieder zu seiner Arbeit zurückzukehren, was er auch freundlich akzeptierte mit »Yes Sir«.

Am nächsten Tag war seine starke Stimme wieder im Bauhof zu hören. Ich schmunzelte und fragte mich, wann ich wohl die Bedeutung von »Yes Sir« begreifen würde.

10. Mein Wasserprojekt

Glücklicherweise hatte sich das Wasserprojekt »Volta« verzögert. Nach meinem heutigen Wissensstand war das für Ghana als selbstverständlich zu erwarten. So konnte ich mich voll auf meine Baufirma konzentrieren. Eines Tages aber war es soweit, mit den Arbeiten am Volta-Stausee zu beginnen.

Der Volta-Stausee ist flächenmäßig der größte Stausee der Welt, über 300 Kilometer lang. Er sammelt das Wasser des Volta Rivers samt seiner Nebenflüsse aus dem Regenwaldgebiet. Vor dem Bau des Staudammes gab es immense Hochwasser-Überflutungen. Der Staudamm war als Erddamm ausgebildet, ca. 135 Meter hoch und 670 Meter lang und hatte acht Turbinenöffnungen. Es war jedoch nur eine Öffnung mit einer Siemens-Turbine bestückt. Da das Land kein Geld hatte, um weitere Turbinen zu kaufen, lief das meiste Wasser über den Staudamm in einer Überlaufrinne ungenutzt ins Tal.

Das von mir zu beaufsichtigendes Wasserprojekt sollte die Wasserversorgung angrenzender Gebiete um den Stausee gewährleisten. Die Planung englischer Ingenieure sah vor, in das seichte, flach abfallende Ufer des Sees Brückenstege aus Betonfertigteilen zu bauen, bis eine Wassertiefe von ca. 8 Metern erreicht wäre. Am Ende dieser Brückenstege sollte dann ein rundes Brunnengebäude aus Betonfertigteilen abgeteuft werden. Dort sollten später die Pumpen eingebracht werden, die das angesaugte Wasser in die bereits fertiggestellten Hochbehälter pumpen sollten. Süßwasser ist in einer Tiefe von ca. 6 Metern mehr oder minder keimfrei und als Trinkwasser geeignet (Stuttgart/Bodensee).

Die bestehende und veraltete Wasserversorgung war in einem sehr desolaten Zustand. Nur ca. 45 % des eingebrachten Wassers kamen beim Verbraucher an, das erzählte mir zumindest der seit vielen Jahren in Ghana lebende deutsche Ingenieur Michael. Das Hauptproblem war aber, dass durch die undichten Rohrleitungen teilweise aus dem Untergrund Schmutzwasser angesaugt wurde, was zu gesundheitlichen Problemen in der Bevölkerung führte.

Der Bau der Stege wurde behindert durch Baumstümpfe, die mehrere Meter aus dem Wasser ragten, Überbleibsel abgestorbener Urwaldbäume. Durch die Überflutung mit Wasser starben die riesigen Bäume des Regenwaldes. Die Baumkronen brachen ab und die verbleibenden Baumstümpfe verkieselten zu steinharten Felsriffen, die teilweise bis zu 10 Meter über dem Wasserspiegel in den Himmel ragten. Eine Geisterlandschaft entstand, die vor allem nachts im Mondschein an Science-fiction-Kulissen einer untergehenden Erde erinnerte. Diese steinharten Baumstümpfe, die in der Stegtrasse lagen, mussten entfernt werden, und das war ohne schweres Gerät auf Schwimmdocks oder durch Sprengung nicht möglich.

Als einfachste Lösung erschien uns die Sprengung,

da meist weit und breit keine bewohnte Siedlung zu erkennen war. Aber wer Sprengstoff braucht, braucht auch viele Genehmigungen, und in einer vormals englisch verwalteten Kolonie war das doppelt schwierig. Was heute aus der Kolonialzeit übriggeblieben ist, ist die Amtsprache Englisch und die doppelte Buchführung bzw. die doppelt besetzte Verwaltung. Da es sich heute aber um eine Militärdiktatur handelte und der oberste Boss ein putschender Militarist war, nahm ich an, dass eine Sprengung kein großes Problem sein dürfte.

Der Versuch, über Behördengänge an den oder die Entscheidungsträger zu gelangen, scheiterte kläglich, da sich zwei gegensätzliche Mentalitäten abzeichneten. Die einen waren von der Sache überzeugt und standen ihr positiv gegenüber. Allerdings hatten sie Angst, sie der höheren Dienststelle vorzutragen. Die anderen hatten Angst, dass das benötigte Dynamit zu einem neuen Putsch gegen die derzeitige Regierung verwendet werden könnte.

Ratlos erzählte ich das Problem meinem Joint-Venture-Partner Mr. Teye mit dem Erfolg, dass ich innerhalb von zehn Tagen die Sprenggenehmigung mit so viel Sprengstoff hatte, dass wir damit einen Krieg hätten gewinnen können. Die damit eingebundenen Militäreinheiten freuten sich riesig über die Beschäftigung außerhalb des eintönigen Kasernenlebens und transportierten Motorboote, Einbäume und Flöße an die Baustelle.

Unter dem Einsatz eines sehr kooperativen und freundlichen Offiziers wurden die ersten Sprengversuche gestartet. Ich hatte und habe keine Ahnung vom Sprengen. Es war mir aber absolut unverständlich, dass man Sprengstoffkapseln mit Zündschnur unter Wasser an die Baumstümpfe band und sich auch noch wunderte, dass trotz mehrfacher Versuche, die Zündung und damit die Sprengung in Gang zu setzen, nichts funktionierte.

Von irgendwoher wurde den Verantwortlichen erklärt, dass die verwendeten Sprengmaterialien für Unterwassersprengungen nicht geeignet waren. Missmutig und vor allem aus Angst, die Blamage vor den Vorgesetzten, den höchstrangigen Offizieren in der Regierung, zugeben zu müssen, suchten sie Ausreden. Sie fanden das Argument, dass beim Sprengen auch Lebewesen wie Fische und so weiter Schaden nehmen könnten. Ich war beeindruckt, suchte aber noch immer einen Weg, das Problem zu lösen. Meine Idee, die Baumstümpfe knapp über dem Wasser abzuschneiden und ein Loch senkrecht in den Stumpf zu bohren und somit im Trockenen die Sprengladung einzubringen, fand einhellig großen Zuspruch. Das Abschneiden der verkieselten Baumstümpfe erforderte zwar viele Ersatzketten bei den Kettensägen, führte dann aber doch zum Erfolg. Anfangs bereitete das fehlende Wissen über die erforderliche Dynamitmenge Probleme, aber mit der neu gewonnenen Erfahrung wuchs der Erfolg, auch wenn uns manchmal die Anzahl der aufschwimmenden toten Fische erschreckte.

Zuletzt wurden die Baumstümpfe nicht mehr mit der Kettensäge abgeschnitten, sondern mit Dynamit über dem Wasser abgesprengt. Der selbsternannte Sprengmeister steigerte sein Wissen mit jeder Sprengung, auch wenn nicht jede ein Erfolg war.

Für das Militär wurde die Angelegenheit immer langweiliger und beschränkte sich nur mehr auf das Freihalten der Schutzzonen von Einheimischen, was bei den quirligen Kindern nicht immer leicht war. So mussten wir drei schwere Verletzungen bei Personal und Zuschauern beklagen.

Die gesamte Abwicklung der acht Wasserstege mit Wasserentnahmebrunnen wurde von Baustelle zu Baustelle einfacher, da immer mehr Erfahrung immer besser eingebracht werden konnte. Dennoch war es manchmal zum Verzweifeln. Wenn z. B. erprobte, festgelegte Arbeitsabläufe von einem übereifrigen oder ahnungslosen Ghanaer ohne Anlass geändert wurden oder laufend Personal in allen Bereichen ausgetauscht wurde, verursachte das immer wieder schwerwiegende Probleme. Und der Satz »Yes Sir«, der mir bereits wegen seiner gutgewollten, aber teilweise vernichtenden Einschätzung der Sachlage, immer wieder entgegnet wurde, ermutigte mich immer weniger.

Das von der Weltbank beauftragte Management erkannte bald, dass die Arbeiten nicht im vorgesehenen Zeitrahmen abgewickelt werden konnten, und entschied, dass eine weitere Objektbetreuung durch mich nicht mehr notwendig war und dass die Baumaßnahmen von den beauftragten Bauunternehmen in ghanaischer Arbeitsweise weiter durchgeführt werden sollten.

Die Planungen lagen bis ins Detail vor. Die Abwicklungs- bzw. Durchführungsmöglichkeit war an den ersten Stegen ausreichend erprobt worden – einschließlich der Sprengmethoden – und somit war ein europäisches Projektmanagement nicht mehr erforderlich. Das war die Meinung der Verantwortlichen der Weltbank und des ghanaischen Ministers für Works & Housing. Ich wurde vertragsgemäß abgefunden.

Nach mehreren Monaten besuchte ich aus verständlicher Neugier eine Baustelle und stellte mit Entsetzen fest, dass das Projekt stagnierte, das Militär abgezogen war und somit auch kein Sprengstoff mehr zur Verfügung stand. Ich kann nur hoffen, dass die Anlagen inzwischen fertiggestellt sind.

11. Nite-Club

Ja, Sie lesen richtig. Es war der Nachtclub, den wir abfällig den ›Nachtclub der Russenweiber‹ nannten.

Zu Nkrumahs Zeiten war Ghana ideologisch stark mit der UdSSR verbunden, da er die Ausbeutung durch die europäisch-imperialistischen Länder nicht wollte. Über ein Studentenabkommen wurden während seiner Regierungszeit mehr als 400 junge Ghanaen in die Ostblockländer geschickt, um zu studieren.

Während des Studiums lernten die ghanaischen Männer im Gastland Frauen kennen, manche heirateten sie auch und nahmen ihre Frauen nach Abschluss des Studiums mit nach Ghana.

Wer den Flughafen Kotoka Airport mit den großen breiten Treppen kennt, kann ihn sich als Kulisse für den Empfang eines mit Examen, Titel und Würden heimkehrenden Sohnes vorstellen. Die gesamte Sippe wartet am Fuß der Treppen auf ihn und empfängt ihn mit Trommeln und Geschrei oder Gesang und nimmt ihn »gefangen«.

Die mitgereiste Frau hängt inzwischen im Netz der Bürokratie: Visum, Gesundheitszeugnis, Impfung, Devisenerklärung usw. Der Pass wird ihr abgenommen, den bekommt sie nie wieder. Der Mann vergisst seine Frau, er wird in sein Heimatdorf gebracht.

Eine wunderschöne junge Architektin aus Leipzig, die ich in Accra kennenlernte, und die im staatlichen Planungsbüro AIOC beschäftigt war, erzählte mir ihr Leid. Bei ihr war es wie oben beschrieben abgelaufen. Der Mann war weg. Nur durch einen Zufall fand sie ihn wieder, aber ohne Widerhall. Die Sippe, die Sitten des heimischen Landes hatten ihn wieder. Die Frau, seine Ehefrau, war – wie in Ghana jede Frau – ohne Rechte und in diesem Fall ohne Pass.

Eine Scheidung konnte nicht stattfinden, da ein männlicher Ghanaer laut Gesetz nie schuldig sein kann. Eine Ausreise war ohne Pass ebenfalls nicht möglich. Mein Versuch, ihr über die westdeutsche Botschaft zur Ausreise zu verhelfen, schlug fehl, da es sich damals um eine Einmischung in deutsch-deutsche Beziehungen gehandelt hätte.

Viele Frauen standen so vor dem Nichts. Einige von ihnen eröffneten gemeinsam den besagten Nightclub, geschrieben ›Nite-Club‹, um über die Runden zu kommen. Wir hatten dort viel Spaß. Die Drinks waren preisgünstig und der Club meist nur schwach besucht. Einer unserer Freunde, Klaus, Chef einer deutschen Elektrozuliefererfirma, kannte alle mit Namen.

Nur unsere Frauen gifteten fürchterlich, wenn wir in unachtsamem Überschwang durchblicken ließen, dass wir bei den Russenweibern waren. Auch wenn nichts »passiert« war.

12. Die Schnapsidee – Die Schlauchbootfahrt auf dem Volta River

Die Idee der Bootsfahrt entstand an einem Sonntag beim Frühschoppen an Norberts Theke. Wir diskutierten über den Sinn und Unsinn des Akosombo-Staudammes, der mit nur einer Turbine bestückt war, da das Geld für die sechs weiteren Turbinen fehlte und das Wasser über dem Überlauf des Staudammes bzw. über die leeren Turbinenrohre ungenutzt abfloss. Das Verhindern der Hochwasser-Überflutungen unterhalb des Staudammes und somit großer Bereiche der flussnahen Gebiete war sicher sinnvoll. So konnten diese Gebiete einer landwirtschaftlichen Nutzung und einer Urbanisierung und Bebauung zugeführt werden. Und dann tauchte schließlich auch die Frage auf, ob der Volta ab dem Staudamm denn auch schiffbar wäre.

»Im Bereich, wo die Straße nach Togo über die Volta-River-Brücke führt, unterhalb des Staudammes, haben sich viele Europäer am Flussufer Wochenendhäuser gebaut und fahren dort mit ihren Motorbooten umher«, berichtete Norbert. »Weiter unten bis Adda ist der Volta so breit, da muss er schiffbar sein.« Mehr wusste er auch nicht. Fährschiffe hat man von der Brücke aus nie gesehen, auch nicht in Adda, wo der Volta in den Atlantik mündet.

Nach einigen Bieren wurde das Unternehmen vertieft und es reifte der Entschluss, dass wir beide mit Norberts 2,4 Meter langem Schlauchboot den Volta vom Staudamm bis Adda befahren wollten.

50 Liter Sprit für den 5 PS Außenbordmotor
mit Trichter zum Tankfüllen
2 Stechpaddel
1 Stalllaterne mit Stahlbügelschirm, 1
Taschenlampe
1 Kiste Bier und Proviant

waren die vorbesprochenen Reiseutensilien, die wir als notwendig erachtet hatten.

Auf einer Landkarte maßen wir die Flusslänge mit ca. 12 Zentimetern. Nach Umrechnung mit dem Landkarten-Maßstab führte das zu einer tatsächlichen Flusslänge von ca. 120 Kilometern. Aufgrund meiner seglerischen Fähigkeiten, ich bin Besitzer des A- und BR-Scheines und war erfolgreicher Regattasegler, errechnete ich bei ca. sechs Knoten Reise- und Flussgeschwindigkeit des Volta sowie Motorgeschwindigkeit des Schlauchbootes eine Tourzeit von ca. 11 bis 12 Stunden.

Wir würden uns also vom Fahrer im Morgengrauen zum Staudamm fahren lassen und am Abend vom Wochenendhaus in Adda wieder abholen lassen. Alles war geklärt. Norbert prüfte während der Tage das Schlauchboot und flickte es. Das zweite Stechpaddel fehlte, aber das Kinderpaddel von einem Nachbarn wurde als Ersatz für ausreichend angesehen.

Der Tag der Expedition war festgelegt, es war ein Donnerstag, ein christlicher Feiertag im Mai oder Juni. Der Fahrer chauffierte uns im Morgengrauen zum Staudamm, wir schleppten das Schlauchboot mit allen weiteren Utensilien wie Bier, Proviant usw. zum Fluss. Dann schickten wir unseren Fahrer mit dem eindringlichen Befehl, uns in Adda abzuholen und unbedingt auf uns zu warten, nach Hause. Auch hier kam das erwartete »Yes Sir« mit einem freundlichen Lächeln im Gesicht mit gleichzeitiger Andeutung eines militärischen Strammstehens.

Alles klar, der Außenborder sprang an, trieb uns surrend stromabwärts. Der Volta, unterhalb des Staudammes nur ca. 80 Meter breit, öffnete sich zu einer undefinierbaren Breite, als wollte er in einen breiten See münden. Aus dem See wucherten riesige Bäume mit Baumkronen, die sich zu einem Dach schlossen. Wir tuckerten durch das Wasser, nur konnten wir keine Fließrichtung mehr erkennen; aus unserer Sicht stand das Wasser still.

Zwischen den aufragenden Baumstämmen entdeckten wir einen Fischer in einem Bananaboot und fragten ihn nach der Richtung nach Adda. Nach anfänglichen sprachlichen Verständigungsschwierigkeiten zeigt er mit der Hand die Richtung nach Adda, aber gleichzeitig meinte er in seinem pidgin-english: »There ist now way, the water comes like that« und wedelte mit seinen Händen schräg nach unten. »Your boot is a rubberboot«. Auf unser Schlauchboot zeigend schüttelte er den Kopf. Unsere ungläubigen Augen erblickten am Wasserhorizont ein Aufspritzen und Kreiseln der Wasseroberfläche »Ui, schau, da sind Piranhas« sagte ich. Norbert antwortete sehr bedächtig »Die sind immer an der gleichen Stelle und hören nie auf, das kann nicht sein.« Und da wurde uns klar, es war die Oberkante der Absturzstelle einer Stromschnelle mit einer Höhendifferenz von ca. 30 Metern. Daher »The water comes like that.«

Wir fragten den Fischer weiter, ob es einen Landweg gäbe, oder, um es kurz zu machen, wie wir das Problem lösen könnten. Er deutete uns an, ihm zu folgen. Nach ca. einem Kilometer Fahrt durch den beeindruckenden, im Wasser stehenden Regenwald landeten wir an einem Fischerdorf. Unser Erscheinen war für das Dorf die Sensation. Es ist immer wieder erstaunlich, wie viele Menschen aus dem Nichts urplötzlich zusammenfinden. Der Fischer machte uns nach Rücksprache mit einigen jungen Männern den Vorschlag, dass diese uns mit einem Bananaboot die Stromschnelle gegen Entgelt hinunterfahren sollten.

Wir stimmten zu und nach kurzer Debatte war der Preis festgelegt:

2 Flaschen Bier
1 Flasche gefüllt mit Benzin
5 Cedi für jeden der beiden jungen Männer

Ein neues, auf der Wiese liegendes Bananenboot wurde ins Wasser getragen, und wir räumten ein. Nach unten kamen Bierträger, Benzinkanister und Proviant und mittig quer über die Bordwände unser Schlauchboot. Ein Ghanaer vorn und ich. Ein Ghanaer hinten und Norbert.

Nach ca. 100 Metern kniete ich ca. 10 Zentimeter tief im Wasser. Das neue Bananaboot war nicht dicht, also zurück. Ein Bananenboot ist ein Kahn aus drei Brettern. Ein Bodenbrett, hinten und vorne spitz zulaufend und seitlich gebogen, und um das Bodenbrett die Seitenwände des Kahns. Die Ähnlichkeit mit einer Banane gibt dem Schiff den Namen. Alles umräumen in ein altes Boot mit gleichem System.

Mit mulmigem Gefühl im Magen und gespannter Erwartung dessen, was da auf uns zukommen würde, paddelten wir zur Stromschnelle. Ab jetzt ging alles wahnsinnig schnell. Wir schürften mehrfach mit dem Schiffsboden über die Felsen, die aus scharfkantigem Lavagestein bestanden. Um uns toste das Wasser die Stromschnellen hinab. Die beiden jungen Männer beherrschten ihr Geschäft exzellent und in nur wenigen Minuten war der Spuk vorbei. Mein Mund war trocken, das Herz pochte, und voller Erleichterung landeten wir am Ufer des sich beruhigenden Volta.

Wir entluden das Bananaboot und räumten unser Schlauchboot wieder ein. Zahlten die vereinbarte Heuer. Die beiden hoben ihr Bananaboot aus dem Wasser, stülpten es über die Köpfe, trugen es fort und waren sogleich im Regenwald verschwunden.

Das Verhandeln, Umlagern und dergleichen hatte viel Zeit verschlungen; es war bereits 11 Uhr und wir hatten Hunger. Eine kleine Mahlzeit und ein Bier hatten wir uns verdient. Dabei dachten wir an das hinter uns liegende

Abenteuer und waren selbst beeindruckt von dem Risiko, das wir ohne es zu wissen auf uns genommen hatten. Ohne das Bananaboot hätten wir keine Chance gehabt. Es wäre vermutlich tödlich für uns ausgegangen. Die riesigen Wassermassen, das scharfkantige Lavagestein und die Unkenntnis des besten Weges ließen uns nachträglich über den Wahnsinn unserer Schnapsidee grubeln.

Aber es ging weiter, wir hatten auch gar keine andere Chance. Es gab jetzt weit und breit keine Zivilisation und kein Weg zurück war zu erkennen. Kaum eine Viertelstunde fuhren wir und hatten uns gerade beruhigt, da erkannte ich am Horizont erneut springendes Wasser, das, wie wir inzwischen wussten, keine Piranhas waren, sondern das Vorzeichen für eine weitere Stromschnelle. Stehend im Schlauboot erkannte ich, dass die Höhendifferenz diesmal nur ca. vier Meter war, und aus meiner Jugendzeit als Faltbootfahrer wusste ich, dass ich die beste Fahrrinne suchen musste, die das meiste Wasser führte, um eine Grundberührung zu vermeiden.

Auch hier hatte sich das Wasser vor der Absturzkante der Stromschnelle gestaut und es gab so gut wie keine Fließgeschwindigkeit des Wassers. Somit konnte ich in gebührendem Abstand entlang der Absturzkante im Boot stehend den besten Weg suchen. Mit dem Propeller des Außenborders fuhren wir dabei auf einen Fels auf, den ich im moortrüben Wasser nicht erkannt hatte. Der Scherbolzen des Außenborders brach ab und damit waren wir nicht mehr manövrierfähig. Motor abschalten, Stechpaddel suchen. Verdammt; ein Paddel war ein Ruderpaddel mit ca. zwei Metern Länge und so unhandlich, dass es fast unbrauchbar war, das andere ein Kinderpaddel. Die Strömung wurde nun doch schneller und trieb uns auf die Absturzkante zu. Auch diesmal hatten wir wieder riesiges Glück, wir hatten eine optimale Stelle mit viel Wasser passiert. Der Schreck war überstanden und wir trieben mit dem Schlauchboot auf dem Wasser, ohne Motor und ohne Richtung auf dem Fluss. Norbert öffnete die Motorhaube des Außenborders auf der Suche nach einem Ersatz für den Scherbolzen. Die drei Steckfalten zur Lagerung der Scherbolzen waren vorhanden, aber die Ersatzbolzen fehlten. Es folgte ein prüfender Blick auf unsere Habseligkeiten.

Die beim Einladen belachte Stalllaterne hatte einen Drahtbügel, der zum Heben des Glasschirmes beim Anzünden nach unten gedrückt wurde. Das könnte gehen! Während ich aus meiner kleinen Werkzeugtasche eine Kombizange entnahm, trieben wir auf eine Insel zu, die mit einer großen Baumgruppe bewachsen war.

Entsetzt nahmen wir die Paddel und ruderten oder paddelten was wir konnten, um an der schwimmenden Insel vorbeizukommen. Das Wasser unterströmte die Insel, so dass wir direkt auf sie zu trieben. Schweißtriefend war das Problem kaum gelöst, als wir die nächste Baumgruppe im Fluss mit dem gleichen Effekt erkannten. Wieder paddelten wir um unser Leben.

Von einer solchen Insel wieder wegzukommen, bei der herrschenden starken Strömung, wäre unmöglich gewesen, zumal das angeschwemmte Gestrüpp nicht begehbar gewesen wäre.

Aber auch diese Inseln ließen wir hinter uns, und eine kurze Phase der Erholung war uns gegönnt. Die Reparatur des Außenborders funktionierte perfekt, auch wenn der abgezwickte Draht aus der Stalllaterne etwas dünn war.

Und so folgte eine Stunde mit Nichtstun, nur die langsam vorbeigleitende Landschaft betrachtend mit den teilweise steilen Uferböschungen, an denen man noch die Hochwasserstände früherer Hochwasser erkennen konnte.

Mein Reklamewerkzeug hatte ich eigentlich nur dabei, weil wir auch Norberts defekte Hochseeangelrute mitgenommen hatten. Die wollte ich während der Fahrt in Ruhe reparieren. Und wenn es stimmte, was man behauptete, nämlich dass der Volta voller Fische war, dann würden wir im Schlauchboot untergehen vor lauter Fischen. Das Werkzeug war wertvoll für die Reparatur des Außenborders und jetzt war es ebenso brauchbar für die vorgesehene Zerlegung des Getriebes der schweren Angel. Zeit, Geduld und ein bisschen technisches Geschick oder besser Glück, machten die Angel wieder betriebsbereit. Ein Drilling mit ca. 20 Zentimetern Länge hing an der Angelschnur und wurde von mir fast fachmännisch ausgeworfen.

Den Rest machte der Außenborder, der den Drilling unter Wasser treiben ließ, wenn wir nicht zu schnell fuhren. Mehrfaches Einholen und Reinigen des Drillings machte die Angelegenheit langsam langweilig. Anfangs legte ich die Rute an die hintere Bordkante neben den Außenborder und sicherte sie mit meinem Fuß. Aber irgendwann war alles vergessen und wir führten Diskussionen über Gott und die Welt. Plötzlich, ein Anriss an der Angel, die Bremsratsche war zu hören und mein Blick sah nur noch die Spritzer der abtauchenden Angelrute. Etwa 20 Meter entfernt tauchte ein Fischrücken auf, der ohne Anglerlatein auf einen Fisch von ca. 1,0 bis 1,20 Meter Länge schließen ließ.

Das war's, kein Fisch, keine Angel! Es war auch wieder einmal eine Schnapsidee gewesen. Was hätten wir mit einem oder vielen Fischen gemacht?

Mit Diskussionen über Krokodile, die im Volta beheimatet sein sollten, und darüber, ob diese ein Schlauchboot angreifen würden, vertrieben wir uns nun die Zeit. Im Notfall müsste man eine Bierflasche senkrecht in das Maul stellen, dann könnte es nicht ganz zuklappen, blödelte Norbert.

Langsam näherten wir uns, den Fluss abwärts gleitend, einer hohen Uferböschung, die mit grauem Gestein oder ähnlichem überschüttet war. Es sah aus wie eine Geröllhalde. Eine Industrieansiedlung war aber in diesem Gebiet nicht vorhanden und auch nicht denkbar. Trotzdem erschien die Böschung von ca. 30 bis 40 Metern Höhe künstlich.

Auf dem Wasser vor uns, und der Volta war inzwischen mindestens einen Kilometer breit und floss ganz langsam, entdeckten wir mehrere Bananaboote mitten im Fluss, ohne Passagiere. Die Boote waren leer. Wir kamen näher und sahen schwimmende Frauen, die nach Muscheln tauchten und ihren Fang in das Boot warfen. Sie kamen an die Bootskanten, um Luft zu holen und dann erneut abzutauchen. Als sie uns sahen, schrieen und jubelten sie und schoben schwimmend ihre Bananaboote in Richtung Ufer.

Dort versammelten sich wegen ihres Geschreis immer mehr Leute. Auch wir folgten der Aufforderung, an das Ufer zu fahren. Dabei erkannten wir, dass es sich bei der vermeintlichen Schotterhalde um leere Muschelschalen handelte, welche die Bewohner die Böschung hinab entsorgten. Die Männer waren alle extrem schlank, ja dürr, und machten einen ausgemergelten Eindruck. Die Frauen, die aus dem Wasser ans Ufer gingen, waren nackt und redeten lautstark und gestikulierend auf uns ein. Eine junge Frau erleichterte sich knietief im Wasser stehend, während eine andere nur zwei Meter entfernt sich das Gesicht wusch. Wir bekamen Angst und drehten ab, sinnierend über die Lebensgewohnheiten der Einwohner dieses Fischerdorfes, das sich offensichtlich weitgehend von Muscheln ernährte.

Stunden vergingen. Der Fluss war inzwischen so breit, dass man das andere Ufer nicht mehr erkennen konnte. Der Bewuchs an der Wasseroberfläche wurde immer stärker und die Fließgeschwindigkeit immer geringer. Auf unserer Landkarte machte der Volta eine langsame Linkskurve, was bedeutete, dass die großen Wassermassen auf der Außenbahn nach unten strömen und wir vor allem in der Nacht die große Fließgeschwindigkeit entlang des rechten Flussufers zu erwarten hätten.

In der Ferne konnte man langsam die einzige Brücke über den Volta River zwischen dem Akosombo-Staudamm und dem Atlantik erkennen. Es war abends und in wenigen Minuten würde die schnell einsetzende Dunkelheit beginnen.

Am rechten Ufer erkannten wir jetzt auch die Wochenendhäuser der Europäer. Wir landeten an einer Bootsrampe und richteten uns für die weitere Fahrt in die Nacht ein. Die Stalllaterne, inzwischen mit gekapptem Stahldrahtbügel, und die Taschenlampe wurden griffbereit gelegt. Außerdem wurde es plötzlich kühler durch den Wind, der uns vom Atlantik her ins Gesicht blies. Ich zog meine Jeans an, und während ich auf einem Bein stand, rutschte ich aus und fiel ins Wasser. Offensichtlich war ich seekrank, da mein Gleichgewichtssinn nicht richtig funktionierte. Vielleicht hatten auch einige Biere und mancher Schluck Whiskey dabei nachgeholfen. Ich war auf alle Fälle patschnass, und trockene Ersatzkleidung hatte ich auch nicht dabei. Der Wind fühlte sich jetzt noch kühler an, obwohl die Temperaturen bestimmt bei 25 bis 30 Grad lagen. Wir legten wieder ab und fuhren in Richtung der Brückenpfeiler.

An die Krokodile hatten wir schon lange nicht mehr gedacht, doch plötzlich sahen wir mehrere, die auf dem Fundamentvorsprung des Brückenpfeilers ca. einen halben Meter über der Wasseroberfläche lagen und uns verwundert anstarrten. Ich glaube, die Viecher waren genauso überrascht wie wir, denn wir passierten die Brückenpfeiler nur in einem Abstand von ca. zwei Metern. So nah hatten wir freiwillig gewiss nicht sein wollen.

Wenige Minuten später war es dunkel und wir fuhren dem atlantischen Wind entgegen, immer auf die Silhouette des rechten Ufers achtend, die als Orientierungshilfe diente.

Wie so häufig vorher stoppte der Motor, da der kleine Tank leer war. Also Tankdeckel auf, Trichter aufsetzen und aus dem 50-Liter-Plastikbehälter Sprit nachfüllen. Deckel zu und neu starten. Alles o. k. Wir fuhren, das Ufer im Mondlicht suchend, weiter. Nur eins stimmte nicht mehr, es war kein kalter Wind mehr da. Dennoch war auf der rechten Seite das Ufer zu erkennen, auf der linken Seite im gleichen Abstand auch.

Wir waren offensichtlich während des Tankens durch die Strömung zwischen eine Insel und das Ufer geraten und hatten uns unbemerkt mit dem Schlauchboot gedreht. Wir fuhren also in die falsche Richtung. Also machten wir kehrt.

Unsere Fahrt endete jäh in einem Schlingpflanzensumpf. Der Scherbolzen hielt die Belastung des zähen Gewächses nicht aus und brach. Nun wussten wir ja, wie wir das reparieren konnten. Nur war jetzt stockfinstere Nacht, da sich der Mond nur ganz selten durch die Wolken zeigte, und somit war die Arbeit um vieles schwieriger. Die Stalllaterne musste erneut einen Teil des Stahldrahtes opfern. Norbert hielt die Taschenlampe und ich werkelte so gut es ging. Mittlerweile waren wir beide mehr damit beschäftigt, die aufkommenden Stechmücken zu erschlagen, als den Außenborder zu reparieren. Durch das Licht der Taschenlampe zogen wir Millionen von Blutsaugern an und konnten uns kaum mehr erwehren. Norbert klagte und wollte die Taschenlampe ausmachen und im Schilf übernachten bzw. auf das Abklingen der Mückenplage warten. Ich erklärte ihm, dass wir darauf nicht hoffen könnten und unbedingt wieder Fahrtwind bräuchten. Er sah es, wild um sich schlagend, dann doch ein. Die Reparatur, die natürlich etwas länger gedauert hatte, obwohl oder weil die Hast immer größer wurde, fand auch ihr Ende, und wir fuhren weiter aus den Schlingpflanzen paddelnd heraus und dann dem Wind entgegen.

Nach etwa einer Stunde sahen wir in der Ferne ein Licht. Ein elektrisches Licht. Nur eine Lampe.

Das musste Adda sein. Wir brauchten noch eine knappe weitere Stunde, bis wir die Stadt erreichten. Kurz bevor wir am Schwimmsteg anlegen wollten, ging der Sprit erneut aus, aber der Tankbehälter war leer und wir mussten rudern. Die Strömung des zum Atlantik ablaufenden Wassers war inzwischen sehr stark geworden. Mit letzten Kräften ruderten wir und erreichten schließlich unseren Schwimmsteg. Dort erwartete uns schon unser Fahrer. Offensichtlich hatten wir ihn durch unser lautstarkes Gestöhne beim Paddeln aufgeweckt.

Auf dem Steg stehend ging ich in die Knie, ich konnte nicht mehr stehen, mir war schwindlig, hatte Gleichgewichtsstörungen. Auf allen Vieren kletterte ich das schräge Rampenbrett zum Ufer empor. Der Fahrer holte das Schlauchboot aus dem Wasser und verstaute es im Wochenendhaus.

Um Mitternacht fuhren wir frierend im geheizten Auto nach Hause. Meine Frau empfing mich liebevoll und ließ mir kopfschüttelnd ein Bad ein. Ohne vollständige Kenntnis unserer Erlebnisse meinte sie nur, dass diese Fahrt doch wohl – im wahrsten Sinn des Wortes – eine Schnapsidee war. Wie wahr. Ich werde sie nie vergessen.

Nachtrag: Im Bereich der ersten Stromschnelle wurde inzwischen ein weiterer Staudamm gebaut.

13. Deutsche in Ghana

In der Fremde suchen sich die Menschen gleicher Nationalität, um eine mehr oder minder sozial geformte Geborgenheit zu finden. Die gleiche Sprache, Kultur der Heimat, Essen und Trinkgewohnheiten usw. ermöglichen Entspannung und Ausgleich in einem bekannten Kreis in einem sonst meist stressigen Arbeitsalltag, der durch die Gegensätzlichkeit der Fremde vermehrt empfunden wird.

In Ghana wurden die Beziehungen der Europäer in der Freizeit durch häufige gegenseitige Einladungen zu Partys, zum Essen und vieles mehr gepflegt. Natürlich bildeten sich unterschiedliche Gruppen. Man konzentrierte sich auf die Menschen, die einem sympathisch waren und privat annähernd gleiche Interessen aufwiesen. In der Anfangszeit wurde man von einer Party zur anderen durchgereicht bzw. mitgenommen, die wiederum Gegeneinladungen zur Folge hatten. So formte sich im Laufe von Monaten ein Kreis von Freunden, der noch Jahre nach unserer Zeit in Ghana Bestand hatte und hat.

Zu einem Essen bei Benignus waren wir als »neue Gäste« eingeladen. Herr Benignus, mit langem welligem blondem Haar, war für die Installation und Inbetriebnahme des IBM-Computers für die staatliche Sozialversicherungsanstalt in Ghana verantwortlich. Seine Frau war eine große, schlanke Dame mit weißblonden glatten Haaren, die bis unter die Brüste reichten, was in Ghana immer für Aufsehen sorgte. Sie hatte für die Einladung den großen Tisch als Tafel gedeckt; ein Vergleich mit einem 5-Sterne-Restaurant lag nahe. Mit eingeladen war der Leiter einer Firma für Auto-Elektrik, Klaus Nötzl, und seine Frau. Klaus, der immer lächelte und einen urigen Kölner Mutterwitz hatte, kannten wir schon von einer anderen Party. Er war meiner Frau und mir sehr sympathisch und deshalb freuten wir uns auf das Essen bei Freunden, oder besser gesagt bei uns noch unbekannten Deutschen, und fühlten uns nicht so allein.

Mit von der Partie war noch August Weinzierl, ein deutscher Ingenieur, der in Ghana für die Wasserversorgung plante, baute oder überwachte. Ich weiß es nicht mehr so genau, aber er war ein richtiger Urtyp, den ich nie vergessen werde, denn er war absolut »verbuscht«. Er war unrasiert, verschwitzt und ein Zahn fehlte ihm. Er deutete den bewährten englischen Brauch »Alkohol nur nach Sonnenuntergang zu trinken« um in »der Sonnenuntergang beginnt am Nachmittag«. Das Ergebnis war, dass er zur Einladung bereits angetrunken erschien und damit noch weniger appetitlich war.

Nach der Begrüßung durch die Hausherren wurde uns der Wohnbereich und Garten gezeigt und somit unsere Neugierde befriedigt. Das Ehepaar Benignus war schon ein ganzes Jahr in Ghana und hatte für seine Wohnung in Stuttgart kunstvoll geschnitzte ghanaische Wandtafeln gesammelt bzw. anfertigen lassen. Wir waren von dieser Schnitzkunst, die unser August mit »Touristentümelei« abtat, sehr beeindruckt. Während wir weiter diskutierten, servierte Frau Benignus die Vorspeise, eine selbstverständlich selbstgemachte, schick garnierte Fleisch-Sülze. Durch die Besichtigung des Gartens mit den wunderbaren ghanaischen Kunstwerken aus Ton und Bronze verging die Zeit sehr schnell und trotz der Aufforderung der Hausfrau, zum Essen zu kommen, ließen wir uns Zeit, da wir ja nichts von der leicht vergänglichen Fleisch-Sülze wussten. Am Tisch angekommen war die Hausfrau den Tränen nahe, denn die Sülze war bei den offenen Fenstertüren und den somit einströmenden Temperaturen nicht mehr als solche zu erkennen und nur noch mit dem Löffel zu essen. Wir entschuldigten uns und trösteten die Hausfrau damit, dass die Sülze bzw. das was noch davon übrig war, geschmacklich hervorragend sei und uns an die gute Sülze unserer Oma erinnerte. Das war zuviel für August und lieferte ihm das Stichwort, um über seine Frau in Deutschland zu sprechen. Sie war in ihrem Haus »herumgetippelt«, als er gerade den Lichtschacht reinigte, und in den Lichtschacht gefallen. Sie hatte nicht gesehen, dass der Rost beiseite gelegt war.

Er sprach nicht gut über sie, aber die Tatsache, dass er immer wieder davon anfing, zeigte doch, dass er sehr einsam war. Viel Essen und viel Gin Tonic waren offensichtlich sein Trost.

Später hatte ich noch beruflich mit ihm zu tun und erkannte, dass er vom Wasserleitungsbau und von der Wasseraufbereitung viel verstand. Aber privat war ich über seinen Personality-Verfall sehr entsetzt. Damals schwor ich mir, rechtzeitig aus Ghana wieder abzureisen, jedenfalls bevor ich ebenso »verbuschen« würde.

14. Best Driver of Africa

Unser deutscher Nachbar Rainer leitete in Ghana eine Assembling Factory von VW. In diesem Werk wurden Kleinlastwagen hergestellt. Auf die importierten Original-Fahrgestelle einschließlich Motor des VW-Busses wurden Karosserien montiert, die im Werk vor Ort gefertigt werden sollten. Die Fahrzeuge sahen etwas eckig aus, da die Karosserien nicht in Formen gepresst waren, sondern aus Blechplatten geschnitten und zusammengeschweißt wurden. Aber sie fuhren zuverlässig und erfüllten ihren Zweck.

Eine Tages kam Rainer zu uns und erzählte, dass die britische Botschaft für Samstag eine Rallye ausgeschrieben hätte, bei der alle Europäer mitmachen könnten. Mit vollgetanktem Auto, einem Peugeot 504, fuhr ich mit meiner Frau, wie vereinbart, um 8 Uhr bei Rainer vorbei und hupte. Seine liebe Frau Inge erschien am Balkon, fuchtelte mit den Armen Richtung Schlafzimmerfenster und erklärte aufgeregt, dass Rainer noch schliefe, er sei am Vorabend versumpft. Ratlos standen wir da und überlegten, ob wir unsere Teilnahme an der Rallye abblasen sollten, aber da erschien Rainer total zerknittert im Schlafanzug auf dem Balkon und meinte, er käme gleich ... »Ihr könnt euch ganz auf mich verlassen.« Tatsächlich, nach kurzer Zeit stiegen Rainer und Inge zu uns ins Auto und wir fuhren zur Botschaft. Zwischenzeitlich erzählte Rainer Ursache und Grund seines extremen alkoholischen Absturzes. In seinem VW-Werk war soviel geschweißt worden, dass der Trafo der Schweißmaschine zu brennen anfing und er somit nicht mehr weitermachen konnte, da der lang bestellte Ersatz bis dahin noch immer nicht importiert worden war. Später stellte sich heraus, dass die Leistung des Trafos für so viele Schweißarbeiten zu gering war und man deshalb den Trafo ohne sein Wissen an die 380-Volt-Dose angeschlossen hatte anstelle der zulässigen 220-Volt-Dose.

Im Hof der Botschaft angekommen, gerade noch rechtzeitig, händigte man uns nach Zahlung der Startgebühr die Rallye-Unterlagen aus. Nach einem Uhrenvergleich wurden wir gleich zum Start durchgewunken. Als Fahrer fragte ich: »Rainer wo geht es jetzt hin?« Mit karnickelroten Augen sagte er: »Fahr geradeaus«, und auf mein Nachhaken, ob er sich sicher wäre und die letzte Frage zur Checkpoint-Bestimmung verstanden hätte, kam nur die monotone Antwort: »Du kannst dich ganz auf mich verlassen«.

Schwer zweifelnd fuhr ich geradeaus Richtung Aburi, wo ein wunderschöner botanischer Garten zur Besichtigung einlädt, aber nicht an diesem Tag. Wir mussten fahren, um auf die Minute genau am Checkpoint anzukommen. Auf der Ausfallstraße fuhren wir ca. zehn Kilometer, da begegnete uns ein Auto, das ca. 15 Minuten vor uns den Hof der Botschaft verlassen hatte, als wir wegen unserer Verspätung gerade in den Botschaftsgarten einfuhren. Große Augen. »Rainer, der kommt uns entgegen«. Auch die Blicke im entgegenkommenden PKW waren vielsagend.

»Fahr weiter, du kannst dich ganz auf mich verlassen. Wenn der nächste Ort Berekuso heißt, sind wir richtig.« Und der hieß so. Erleichtert und etwas entspannter fuhren wir weiter.

An Aburi vorbei ging es in den Regenwald. Wir passierten weitere Kontrollpunkte genau in der Zeit. Es wurde Mittag und wir bekamen Hunger. Am Straßenrand an einer größeren Kreuzung waren mehrere einfache ländliche Verkaufstände aufgebaut, an denen Obst, Ledersachen, Plunder und Säfte angeboten wurden. Wir erstanden einen Fladen Brot als Notreserve, da unsere belegten Brote in einer Kurve auf den Autoboden gefallen waren und nicht mehr sehr appetitlich aussahen. Wir waren weiterhin in der Zeit, der nächste Kontrollpunkt sollte hinter der nächsten Kurve kommen. Einige andere Rallye-Autos sahen, dass wir an den Verkaufsständen Pause machten, und fuhren drauflos, da sie dachten, wir hätten aufgegeben oder aber eine Panne.

Aber wir waren auch hier pünktlich und fuhren weiter. In der Hafenstadt Tema beginnt die Autobahn, und der nächste Checkpoint war durch ein Kreuzworträtsel zu bestimmen. Leider fehlte uns ein Wort, so wussten wir zwar die Straße und die Himmelsrichtung, die wir fahren sollten, aber nicht den Kontrollpunkt. Wir fuhren auf die Autobahn, vorsichtig, die Kontrollstation erwartend, aber es war nichts zu sehen. Andere Rallyeautos überholten uns.

Plötzlich fiel es mir ein, das fehlende Wort, und daraus ergab sich der nächste Checkpoint. Er war am Ende der Autobahn im Hof der britischen Botschaft. Viel Zeit war vergeudet, also musste der Motor das leisten, was der Verkaufsprospekt versprochen hatte.

Inge jammerte hinten, ihr war schlecht, und sie bat mich anzuhalten, aber ich war der Driver der Rallye. Ich sagte nur: »Mach das Fenster auf und kotze raus, jetzt kann ich nicht halten.«

Mit quietschenden Reifen rasten wir in die letzte Kurve und passierten das Tor zum Botschaftsgarten. Wir waren wieder in der Zeit.

Am Abend war die Siegerehrung. Frisch geduscht und etwas erholt erschienen wir. Inge hatte wieder ihre natürliche Gesichtsfarbe. Vor den enttäuschten Gesichtern der zahlreich anwesenden Engländer wurde mir der silberne Pokal ausgehändigt, und auf der daran befestigten Karte stand: »Best Driver of Africa«.

Wir waren stolze Sieger – aber nur, weil Rainer mit stoischer Ruhe immer wiederholt hatte:

»Du kannst dich ganz auf mich verlassen«.

Wenn wir heute manchmal telefonieren, gilt der Satz noch immer.

15. Ein Besuch beim Chief (Ahenfo = Gebietskönig)

In der Zeitung war ein Hinweis, der ein Jahresfest im Stamm der Ashanties in einem Ort Richtung Kumasi ankündigte. Mit Benignus und seiner Frau hatten wir verabredet, diesem Fest beizuwohnen.

Nach zweistündiger Fahrt erreichten wir den Ort, konnten aber absolut keine Aktivitäten eines Dorffestes erkennen. Also fragten wir einen jungen Mann am Straßenrand. Er trug eine Brille und ein Kugelschreiber steckte in seiner Brusttasche, und so gingen wir davon aus, dass er lesen und schreiben können und auch Englisch sprechen müsste. Auf unsere Frage schüttelte er den Kopf und sagte, wir sollten den Chief fragen, der nicht weit weg wohne. Er forderte uns auf, ihm zu folgen, er würde sich darum kümmern. Wir folgten ihm.

Wir wurden in ein Gebäude, ganz aus Holz gebaut, eingelassen. Die geöffneten Fenster hatten Fensterläden, die Schatten spendeten, aber auch winddurchlässig waren. Nach kurzer Wartezeit führte uns ein hereinschlurfender Mann in gebückter Haltung in den ersten Stock in einen großen Saal mit einem gewaltigen Thronsessel. Ein ausgestopfter Löwenkopf lag als Fußschemel davor. Durch Handzeichen wurden wir angewiesen, auf bestimmten Stühlen Platz zu nehmen und zu warten. Eine fast ehrwürdige Stimmung lag über dem Ganzen. Wir trauten uns nur noch zu flüstern und platzten schier vor erwartungsvoller Neugierde.

Nach einigen Minuten erschien ein großer schlanker Ghanaer in Landestracht und nahm auf dem Thron Platz. Der Hausdiener entfernte sich, wiederum tiefgebeugt und rückwärts schlurfend, aus dem Saal. Im Laufe der nun folgenden Unterhaltung stellte sich heraus, dass wir es hier mit dem Chief der Ashanties zu tun hatten. Er unterhielt sich mit uns in exzellentem Englisch, fragte nach unserer Herkunft und erzählte, dass er als Nachfolger seines verstorbenen Onkels das Amt des Chiefs übernehmen würde und deshalb seinen Lehrerberuf in England aufgegeben habe.

Die Audienz dauerte ca. zehn Minuten. Dann wurden wir wieder hinausbegleitet. Wir waren tief beeindruckt vom Charisma dieses Mannes. Wenige Wochen später wurde er ermordet.

Die Presse schrieb diverse Artikel über die fürchterlichen Umstände des Mordes und die traditionellen Rituale, wie z. B. das Plünderungsrecht der Einwohner und die Suche nach dem Menschen, der als Letzter mit dem Sterbenden gesprochen hatte. Bei diesem Gespräch sollen vom Verstorbenen Geheimnisse an eine Vertrauensperson weitergegeben worden sein. Für uns war das nicht nachvollziehbar! Mit großem Interesse warteten wir die weitere Berichterstattung in der Presse ab, aber es gab kaum beachtenswerte Informationen dazu.

Aus der Literatur über Kultur und Geschichte der Ashantis, dem wohl berühmtesten, größten und mächtigsten Volk in Westafrika, war mir bekannt, dass in kriegerischen Auseinandersetzungen mit den britischen Kolonialbesatzern in mehr als fünf schweren Kriegen die Unabhängigkeit und Freiheit hart verteidigt worden war. Die Stadt Kumasi konnte erst 1901 durch Intrigen der Engländer erobert werden und wurde dann von ihnen in Schutt und Asche gelegt.

Noch heute haben die Chiefs der einzelnen Regionen eine erhebliche, in der Verfassung verankerte Macht und bringen diese auch wirkungsvoll zum Ausdruck. Sie ist vergleichbar mit der unauslöschlichen, unsichtbaren Macht der früheren Chiefs, besser gesagt der Könige der Ashanties, die neben der jeweiligen offiziellen Regierung das Sagen hatten.

Der »Goldenen Stuhl«, aus purem Gold gearbeitet, das Symbol der Macht und Einheit des Reichs ist für jeden Ashanti heilig. Er wird mit dem Fortbestand des Reichs gleichgesetzt und streng gehütet. Deshalb wurde ein Imitat gefertigt, um das Original vor Angriffen zu schützen.

Bei der Totenfeier für den ermordeten Chief waren Tausende von Menschen anwesend, auch wir. Etwa dreißig Frauen legten prachtvoll geschmücktes Essen und Rauchwaren als Grabbeigabe für den Verstorbenen, für sein Leben danach, nieder. Soldaten schossen aus alten Vorderlader-Gewehren fünfzig Salutschüsse in mehreren Zeitfolgen ab. Trommelwirbel ertönten. Der folgende Tanz wurde von den Zuschauern mit Enthusiasmus beklatscht und von uns nicht verstanden. Uns beeindruckten die tief verwurzelten Traditionen und die Lebensfreude der Ghanaen, die sich in jeder Situation widerspiegelt.

16. Die Polizei

Meine Frau brachte bei ihrer Einreise auch unseren lieben Pudel mit. »Burschi« war sehr gut erzogen, intelligent und somit pflegeleicht.

Nach den ersten Wochen in Accra zogen wir aus einem Chalet in einem Vorort in ein schönes Wohnhaus mit großem Garten und einer Palmen gesäumten Auffahrt. Der Garten war wegen der Schlangen mit einer zwei Meter hohen Mauer umgeben und die Einfahrt mit einem schmiedeeisernen Tor gesichert. Der Umzug verlief problemlos, da wir nur das besaßen, was wir in unseren Koffern mitgebracht hatten. Das Haus war nur teilweise möbliert. Es fehlten Vorhänge, Geschirr und vieles mehr. Also fuhren wir in die Stadt, um das Notwendigste zu besorgen, und baten unseren Hausboy in der Zwischenzeit auf unseren Hund aufzupassen. Nach ca. drei Stunden kamen wir zurück und sahen unseren Boy auf der Straße lungern. Die Haustüre stand einen Spalt offen und unser Hund war weg. Entsetzen, Trauer, Verzweiflung. Wo war er? Würden wir ihn wiederfinden?

Wir suchten die Gegend ab, bis es dunkel wurde, jedoch ohne Erfolg. In unserer Nähe war eine Polizeistation. Wir meldeten den Verlust, zum Unverständnis des zuständigen Polizeibeamten. Ein Hund ist in Ghana ein nutzloses Tier wie jedes andere auch, das nur frisst oder besser gesagt sein Fressen stiehlt, wo es etwas findet. Die Beschreibung war schwierig, da der Polizist einen Pudel noch nie gesehen hatte. Auch die Wertangabe für einen Hund, die wir damals mit 400 DM angaben, verursachte nur Kopfschütteln.

Nach einer schlaflosen Nacht machte ich meiner

Frau den Vorschlag, noch einmal zurück ins Chalet zu fahren. Vielleicht war Burschi durch den Busch zurückgelaufen. Außerdem mussten wir noch unsere restlichen Sachen holen und das Chalet übergeben.

Angekommen vor unserem Chalet fuchtelte der dortige Hausboy wild durch die Luft und strahlte uns freudig mit seinen weißen Zähnen an. Er hatte den Hund nachts aufgenommen und ihn ins Haus gesperrt. Die Freude war riesengroß, aber unser Hund war nahezu tot. Voller Zecken, an zwei Beinen lahm, total verdreckt – aber er lebte! Er schlief zwei Tage, aber erholte sich nur langsam. Für mich war es unbegreiflich, wie der Hund den Weg vom neuen Haus zum alten hatte finden können, denn wir waren mit ihm nur einmal diese Strecke gefahren, und der Weg führte nicht direkt, sondern um zwei Ecken, also einem »U« folgend mit jeweils einer Seitenlänge von ca. zwei Kilometern.

Einige Tage später zeigten wir dem Polizeibeamten unseren Hund. Der Polizist freute sich mit uns. Schüchtern fragte er, ob der Hund eine Uniform anhabe, da er ein solches Fell noch nie gesehen hatte. Wir verneinten, lachten und verabschiedeten uns.

Wenige Wochen später hatten wir uns in unserem neuen Haus schon gut eingelebt. Meine Frau betätigte sich mit unserem Gärtner erfolgreich in der Gartengestaltung und Pflege. Eines Tages, am frühen Morgen, klopfte es an unserer Schlafzimmertüre. Unser Boy erzählte aufgeregt, dass nachts eingebrochen und unser Weltempfänger-Radio gestohlen worden war. Das Schloss war nicht defekt, die Türe stand etwas offen, aber sonst war alles da. Die Diebstahlmeldung bei der Polizei schien mir notwendig, auch wenn ich zugeben muss, dass ich wenig Hoffung auf Erfolg hegte. Der Kriminalbeamte, es war derselbe, der auch den Verlust unseres Hunde aufgenommen hatte, fertigte sofort ein Protokoll und tippte es mit zwei Fingern auf der Schreibmaschine.

Sein Verdacht stand sofort fest. Es war der Hausboy. Wir fuhren mit dem Beamten zurück ins Haus und er verhaftete unseren Hausboy. Da die Polizei in Ghana keine Autos hatte, fuhr ich beide zurück zur Polizeistation, wo sich der Hausboy nackt ausziehen musste und in einen Raum mit Stahlgittertüre zu den anderen nackten Gefangenen geschubst wurde. Sein lauter Schrei »Master Help!« ging mir sehr zu Herzen, denn in meinen Augen war er nicht schuldig. Am nächsten Tag holte ich ihn, sehr zum Unverständnis des Polizisten, aus dem Gefängnis. Ich war von seiner Unschuld überzeugt und außerdem fehlte er uns doch sehr im Haushalt.

Nur wenige Monate später passierte das Gleiche wieder. Das neue Radio war verschwunden. Nur diesmal wurde der Bruder des Hausboys verdächtigt, und deshalb fuhren wir mit dem Polizisten und dem Hausboy in dessen Heimatdorf. Die Fahrt machte den beiden sichtlich einen Riesenspaß. Wie zu erwarten war, verlief die Untersuchung im Sippenhaus im Regenwald ergebnislos und wir kehrten nach Hause zurück. Für meine beiden Ghanaen war es ein toller Ausflug gewesen – und ich war wieder um eine Erkenntnis reicher.

Die Polizei – »dein Freund und Helfer« – war in Ghana selbst auf die Freundlichkeit und das Wohlwollen der Bürger angewiesen.

Zur Weihnachtszeit wurde man von der Polizei angehalten und aufgefordert, eine Spende für ihre Christmas-Box zu geben. Wenn kein spendenträchtiger Feiertag in Aussicht war, wurde man aufgehalten und auf Warndreieck, Taschenlampe, Verbandszeug oder sonstiges kontrolliert. Alles Utensilien, die es in Ghana gar nicht gab. Aber gegen ein kleines Entgelt von einem Cedi waren diese Dinge dann auch nicht mehr notwendig!

Großen Erfolg versprach sich ein Polizist von dem Besitz einer Stoppuhr. Er sprang aus dem Busch vor mein Auto, hielt mich auf und hielt mir die Stoppuhr mit der hektischen Bemerkung: »Overspeed« ins Gesicht. Auf meine Frage, wie schnell ich denn gefahren sei, wiederholte er nur »Overspeed« und fuchtelte mit der Uhr. Als ich nun wissen wollte, welche Strecke ich in welcher Zeit gefahren sei, brachte ihn das ganz aus dem Konzept und er meinte dann nur, ich solle nicht argumentieren, sondern zahlen. Er hatte jedoch keinen Betrag genannt. Es entstand ein längerer Disput, da ich mich über die Dummheit und Frechheit des Polizisten ärgerte. Daraufhin zückte er einen Formularblock und begann eine Gerichtsvorladung zu schreiben.

Schließlich erklärte ich, ich hätte keine Zeit mehr, lächelte ihn an und zog aus der Brusttasche meines Hemdes langsam fünf einzelne Cedi-Scheine. Zwei davon hielt ich ihm hin. Blitzschnell ergriff er die beiden Cedis, aber auch gleich die drei Cedis in meiner anderen, zurückgehaltenen Hand. Grinsend sagte er »Yes Sir«, drehte sich um und verschwand im Busch. Mein ursprünglicher Unmut über die Frechheit des Polizisten verwandelte sich in Heiterkeit und in Respekt über die Fantasie, Möglichkeiten zu finden, ein spärliches Gehalt aufzubessern.

17. Meine Mechaniker und die Frauen

Von Monat zu Monat wurden wir mit weiteren neuen Bauvorhaben beauftragt. Der aus Deutschland stammende Maschinenpark wurde immer größer, wenn auch die Qualität der Geräte nicht immer zufriedenstellend war.

So ergab es sich, dass mein einziger deutscher Mechaniker Michael, genannt Mike, einer immer größeren Arbeitsbelastung ausgesetzt war. Wir mussten ghanaische Mechaniker einstellen, um das Arbeitspensum zu bewältigen. Da ja unser Toni seit jener Episode, siehe oben, nicht mehr gesehen worden war, mussten neue Mechaniker angelernt werden. Das war nicht sehr leicht, da Michael die englische Sprache nur mäßig beherrschte. Dennoch entstand innerhalb der Mannschaft eine gute Atmosphäre. Es wurde viel gelacht, aber auch gearbeitet.

Eines Tages kam Michael etwas verstört zu mir ins Büro und erzählte, dass ihm alle seine Mitarbeiter ihre Schwestern anböten ... wie einen Gegenstand ... Er fragte mich, was er denn machen solle. Da ich die Begebenheit von seinem Vorgänger kannte, gab ich ihm folgenden Rat: »Wenn du während der drei Monate deines Vertrages ein Verhältnis mit einer Schwarzen anfangen willst, dann lass alle jungen Frauen kommen und such dir wie auf dem Sklavenmarkt oder in der Tanzschule die hübscheste aus.« »Ja und dann?«, fragte er. »Nimm sie mit nach Hause in dein Chalet; aber so lange du in Ghana bist, wirst du sie nicht mehr los«, antwortete ich. Unsicher lächelnd verließ er mein Büro.

Einige Tage später erzählte er mir seine Erlebnisse und seine Sorgen: »Wie du mir geraten hast, habe ich eine hübsche Frau mit in meine Wohnung genommen. Als erstes hat sie alle Kleiderschränke aufgerissen und nachgeschaut, ob Frauenkleider drin sind. Dann hat sie ihr Kleid, das sie in der Tasche mitgebracht hatte, in einen Schrank gehängt und mich angelacht. Am nächsten Morgen verließ ich die Wohnung und habe ihr aufgetragen, für das Abendessen einzukaufen und etwas Gutes zu kochen. Ich gab ihr Geld und fuhr weg. Abends, bei meiner Rückkehr, lag sie lächelnd auf der Couch. Es gab aber kein Essen, denn sie habe nicht gewusst, was sie kochen solle, sagte sie. Missmutig machte ich mir schließlich selbst ein paar Eier. Am nächsten Morgen wiederholte ich meine Aufforderung für das Abendessen, allerdings erneut ohne Erfolg. Verärgert setze ich sie vor die Tür und ging schlafen.

Als ich am nächsten Morgen, im Morgengrauen, das Haus verließ, saß sie noch immer vor der Tür und wartete. Da hab ich sie wieder hereingelassen und schließlich für das Abendessen selbst eingekauft und gekocht.«

Mein dritter Mechaniker Otto war während der gesamten Vertragszeit seiner Frau treu geblieben. Zwei Wochen vor seiner geplanten Heimreise ging er zum Abendtrunk in eine Kneipe und lernte dort eine gutaussehende Ghanain kennen. Der Alkohol und die Schönheit führten zueinander und das Malheur war passiert. Zwei Tage später kam er niedergeschlagen zu mir ins Büro. Er richtete kläglich die Augen auf den Boden und sah mit hängenden Schultern aus wie ein geschlagener Hund. Ich fragte ihn, was denn los sei. »Hm … ich war in der Kneipe …«, stotterte er. »… und jetzt hast einen Tripper«, ergänzte ich unumwunden. Er machte wegen meiner Treffsicherheit große Augen und fragte, was er denn jetzt nur machen sollte.

Ich schickte ihn zum Hausarzt, der sofort Bescheid wusste. Ich glaube ja, dass man jedem Mann sofort ansieht, was ihm fehlt, wenn er mit einem solchen Blick zum Arzt geht.

Wegen der Inkubationszeit bat mich Otto um eine Vertragsverlängerung von drei Tagen, die ich ihm natürlich gewährte, damit er seiner Frau den Fehltritt nicht beichten musste.

18. Der Fahrtenschreiber

Wir hatten zwei MAN-Lastwagen, rot angestrichen wie alle unsere Baumaschinen. Diese LKW waren zu groß, um in Deutschland eine Verkehrszulassung für den öffentlichen Straßenverkehr zu bekommen. Deshalb wurden sie, obwohl neu, nach Ghana geschickt. Wir in Ghana waren stolz darauf.

Für den Aushub der Fundamente eines öffentlichen Verwaltungsgebäudes musste ein kleiner Fuchsbagger in die Kreisstadt Ho transportiert werden. Das bedeutete eine Strecke von ca. 200 Kilometern durch den Regenwald in die Eastern-Region von Ghana. Dem Fahrer des LKW befahl ich eindringlich, mit dem angehängten Bagger nur mit max. 30 km/h zu fahren, da er an der Zugstange war, starre Achsen hatte und somit keine Federung. »Yes Sir« waren seine abschließenden Worte.

Kaum war eine Stunde vergangen, stürmte mein Fahrer ins Büro und erzählte von einem schweren Unfall auf der Straße nach Ho, an dem ein LKW mit einem angehängten Bagger beteiligt sein solle. So jedenfalls verkündeten die Trommeln.

Sofort fuhren wir in Richtung Ho los, und tatsächlich, mitten im Regenwaldgebiet sahen wir unseren Bagger. Er war offensichtlich seitlich nach vornüber gekippt und steckte jetzt ca. dreißig Zentimeter mit dem Grundrahmen des Chassis tief in der asphaltierten Fahrbahn. Das rechte Vorderrad fehlte, die eiserne Schleppstange war abgerissen. Der LKW stand am Straßenrand und sein Fahrer saß kreidebleich daneben am Boden. Auch Neger (pardon, Schwarze) können bleich werden.

Einige andere Schwarze hatten die Fahrbahn mit Steinen und Ästen abgesichert. Wir suchten das Vorderrad und fanden es ca. 250 Meter von der Fahrbahn entfernt im Urwald. Die Achse mit einem Durchmesser von 57 mm war abgeschert und das Rad in hohem Bogen ins Dickicht geflogen.

Auf dem Fahrtenschreiber des LKW, dieser aussagekräftigen runden Karte, konnte ich ablesen, dass der Fahrer den Bagger mit 90 km/h gezogen hatte. Bei den Unebenheiten der Fahrbahn und der fehlenden Federung des Baggers war dieser immer höher gewippt und gesprungen, bis die Belastbarkeit des Achsbolzens überschritten war, das rechte Vorderrad seinen Weg in den Busch suchte und der Bagger sein Chassis in die Fahrbahn bohrte.

Noch blasser als der Fahrer des LKWs war der des Baggers. Er hatte die Luftsprünge im Führerhaus des Baggers miterlebt und hatte offenbar dem LKW-Fahrer seine Not während der langen, unheimlichen Sprungfahrt nicht mitteilen können. Glücklicherweise war er unverletzt geblieben.

Nun musste ein Tieflader besorgt und der Bagger zurück transportiert werden. Die Fundamente für die Baustelle wurden schließlich von Hand ohne Bagger ausgeschaufelt.

Nachdem ich ihm seine Geschwindigkeit, aber auch eine kleine Pause bei seiner Freundin vor Beginn der großen Fahrt vorgehalten hatte, habe ich den LKW-Fahrer entlassen. Er war erstaunt und starr entsetzt über meine – seiner Meinung nach – überirdischen Seherfähigkeiten. Den Sinn des Fahrtenschreibers hatte er nie verstanden, ihn jedoch sorgfältig bedient, da er glaubte, er sei so notwendig wie Treibstoff und Öl, um das Wohlwollen der guten Geister für sich und seinen geliebten LKW zu erlangen.

Yes Sir.

19. Ein Unglück kommt selten allein

In der Geschäftswelt des Bauwesens in Ghana ist es üblich, Maschinen nur gegen Vorauskasse auszuleihen. Unser rotfarbener Radlader mit einem Fassungsvermögen der Ladeschaufel von drei Kubikmetern sollte zum Beladen von LKWs ausgeliehen werden. Nach Zahlung per Scheck fuhr der Radlader mit seinem stolzen ghanaischen Maschinisten auf die Anhöhen des Universitätsgeländes.

Einige Stunden später meldete mein Fahrer, dass der Radlader in der Lagune, also keineswegs auf der Anhöhe der Uni, versunken sei – so meldeten es die Trommeln. Ungläubig und verblüfft über den neuen Einsatzort des Radladers rief ich meinen deutschen Mechaniker Mike. Er hatte das Gerät viele Jahre in Deutschland gefahren und begleitete mich nun zum »angetrommelten« Standort.

Mike beruhigte mich auf der Fahrt und erklärte, dass man sich mit solch einem Knicklader aus jeder Situation befreien könne. Von weitem schon erkannten wir den neuen Arbeitsplatz in der flachen Lagunenlandschaft, aus der das Dach unseres Radladers nur noch ca. einen halben Meter hervorragte.

Für die Uni-Baustelle hatte man auch LKWs gemietet, die allerdings nicht eingetroffen waren.

Da die Miete für das Gerät bereits bezahlt war, hatte der Mieter unseres Radladers den Fahrer angewiesen, zu der Lagune zu fahren. Er sollte dort eine Fläche anplanieren, und so war der Fahrer so lange hin und her gefahren, bis der Boden immer weicher wurde und der Radlader versank. Gaspedal und Bremspedal waren bereits unter Wasser. Auch der angekündigte Versuch von Mike, das Gerät aus seiner eigenen Kraft zu heben, scheiterte. Der Mieter des Gerätes hatte offensichtlich ein schlechtes Gewissen und bot uns an, seine in der Nähe liegenden Hohlblocksteine unter den Radlader zu werfen und damit den Untergrund zu verfestigen. Aber die Blocksteine versanken wie Fische im Wasser.

Das Auspuffrohr und die Luftansaugung für den Motor lagen allerdings noch über dem Wasserspiegel. Wir starteten dennoch keine weiteren Versuche, da die Dunkelheit einbrach.

Am nächsten Morgen versuchte ich, ein schweres Gerät anzumieten, um mit Seilen oder Ketten den Radlader zu bergen. Leider wiederum ohne Erfolg.

Am gleichen Vormittag stürmte mein Fahrer ins Büro und ich wusste, dass das nichts Gutes zu bedeuten hatte. »Master, big accident«. Auf einer Baustelle war das Rückhalteseil des Kranauslegers unseres Laufkatzenkranes, aus welchen Gründen auch immer, gerissen und der horizontale Ausleger vom Turm nach unten gekippt. Der volle Betonkübel mit 700 Litern Inhalt hatte die Schalung der einen Decke und die fertige Betondecke darunter zerschlagen. Arbeiter erzählten mir, dass der Betonkübel nur wenige Zentimeter neben zwei Kollegen aufgeschlagen war. Glück im Unglück!

Am gleichen Tag transportierten wir ein neues Zementsilo »Made in Ghana« vom Gelände des Herstellers auf eine neue Baustelle. Ein LKW wurde im Hersteller-Werk mit dem Silo beladen und Mike sollte mit dem kleinen Kran, einem Nadelausleger Typ F 11, das Silo auf der Baustelle abladen. Bei ganz steiler Nadelstellung sollte dieser Kran das Gewicht des Silos heben können, zumindest laut Prospektangaben des Herstellers. Den Fahrer des Kranes hatte ich ausdrücklich darauf hingewiesen, dass er unbedingt mit dem Abladen des Silos solange warten müsse, bis Mike auf der Baustelle wäre. Ich hatte es exakt formuliert, und es wurde mir mit »Yes Sir« bestätigt.

Wieder einmal waren die Trommeln aktiv und mein Fahrer berichtete mir, dass der Kran F 11 umgefallen sei. Auch hier hatte der ghanaische Kranfahrer versucht, die physikalischen Hebelgesetze außer Kraft zu setzen, er wollte das Silo unbedingt selbst abladen. Nur leider war der Nadelausleger nicht steil gestellt, als der das Silo anhängte. Beim Anheben erhitzte sich dann der Überlastschalter und verhinderte so ein weiteres Anheben. Das Silo hing also halbschief am Haken und lag mit dem einen Ende auf der Ladefläche des Transporters. Er gab dem LKW-Fahrer die Order langsam wegzufahren, dabei sollte, seiner Meinung nach, das Silo am Seil hängen bleiben, von der Ladefläche gleiten und in aufrechte Position gelangen. Stattdessen riss die zu große Horizontalkraft den ganzen Kran mit um.

Genervt von den Erlebnissen dieser zwei Tage schrieb ich ein Telex nach Deutschland: »Radlader in der Lagune versunken. Kranausleger F 26 abgebrochen. Kran F 11 umgefallen.«

Als Antwort erhielt ich ein Telex: »WIE DU MIT MEINEN MASCHINEN UMGEHST, IST EINE SAUEREI.«

Dies hat meine Bereitschaft zur Vertragsverlängerung etwas getrübt.

Dennoch wurden die Kräne auf ghanaisch repariert. Ich ermahnte die Schweißer, die die Rundrohre der Gitterträger mit Stahlstangen füllten und dann wieder zusammenschweißten, dass ich jede Schweißnaht vor dem Farbanstrich sehen möchte. »Yes Sir«

Als ich in den Bauhof kam, war alles bereits mit roter Farbe gestrichen. Keine Chance!

Unter die Räder des versunkenen Radladers stopften wir getrocknete Buschbündel, wie sie überall herumlagen. Daraufhin konnte der Lader, wie auf einer Fahrbahn, sein vermeintliches Grab verlassen. Glück gehabt!

20. Auftragsvergabe auf Ghanaisch

Mr. Teye hatte gute Beziehungen zu den öffentlichen Auftraggebern. Er strahlte jedoch eine gewisse Arroganz, oder vielleicht war es nur ein gespieltes überzogen-charismatisches Verhalten, aus. Manchmal glaubte ich, dass diese Eigenschaft schädlich für die Beziehungen zwischen den Beamten der Auftraggeberseite und ihm war. Jedermann wusste, dass ein Beamter in Ghana nur sehr wenig verdiente, und Mr. Teye folgerte daraus, dass ihre Entscheidungsmacht gering sei.

Von einem Weisen stammt der Ausspruch: »Schmiergeld ist die Triebfeder der Wirtschaft«, und das stimmte, zumindest im Ghana von 1975.

Einige der wesentlichen Leute in der Bauwelt von Ghana hatte ich bereits kennengelernt, so auch den Staatssekretär des Ministeriums für »Works and Housing«. Bei einem freundlichen, belanglosen Gespräch im Amt hatte ich ihn eingeladen, doch bei Gelegenheit nach Feierabend bei mir vorbeizufahren, um gemeinsam ein Bier zu trinken. Bereits am gleichen Tag saß Tom an meiner Hausbar und trank Bier.

Dabei kam mir die Idee, doch eine Party zu veranstalten und die gesamte High Society der Bauwelt einzuladen. Von den ca. vierzig eingeladenen Personen kamen etwa zwanzig und bei der Wiederholung des Festes erschienen auch die restlichen zwanzig, denn es hatte sich herumgesprochen, dass es ein tolles Fest gewesen war, mit Bier ohne Ende. Direktor Schneider von der Club Brewery war natürlich mit dabei.

Tom kam nun fast regelmäßig zur mir. Er war sehr witzig und erzählte gerne. Dabei natürlich auch über zukünftige öffentliche Bauprojekte, über die geplanten Baubeginne, bzw. Ausschreibungstermine und auch über die veranschlagten Budget-Summen. Eines Tages erzählte er mir, dass die Ausschreibungsunterlagen (Tender) für das neu zu bauende Finanzministerium gegen Gebühr abgeholt werden könnten. Ich ließ die Unterlagen holen und gab sie unserem Kalkulator zur Bearbeitung. Nach wenigen Tagen ging ich mit dem fertig kalkulierten Angebot zu meinem Partner Mr. Teye und sagte ihm, dass die kalkulierten Preise viel zu niedrig seien. Der Kalkulator solle das Angebot erneut ausfüllen, aber mit verdoppelten Preisen. Mr. Teye glotzte mich an, als hätte ich in der Hitze den Verstand verloren, lächelte und dachte vermutlich: »O.k. wir brauchen diesen Auftrag nicht unbedingt. Er wird schon noch einen anderen Auftrag an Land ziehen«. Dann gab er Order für die Nachbearbeitung.

Wenige Tage später, beim Bier, kündigte ich Tom an, dass ich am nächsten Tag mein Angebot für das Finanzministerium bei ihm abgeben würde. Er lachte und sagte »Ich bin da«, trank sein Bier und ging.

In einen Aktenkoffer gab ich 80 000 Cedis, mehr konnte man in dem Aktenkoffer nicht unterbringen, da der größte Geldschein nur den Wert von 10 Cedis hat. Dazu nahm ich mein Angebot, im Kuvert verpackt und vorschriftsmäßig versiegelt und fuhr zu Tom ins Ministerium. Tom begrüßte mich erfreut. Ich gab ihm das versiegelte Kuvert und erwähnte, dass ich meinen Aktenkoffer unter seinem Tisch vergessen werde, wenn ich die Erteilung des Auftrages bekäme. Im englischen Vergabesystem ist im Tender alles geregelt. Das ausgefüllte Auftragsschreiben benötigte nur den Stempels und die Unterschrift des verantwortlichen Ministers, um rechtskräftig zu werden.

Tom lächelte, zog die Augenbrauen hoch und verschwand mit den gesamten Angebotsunterlagen. Nach ca. zehn Minuten kam er zurück, legte mir das unterzeichnete und gestempelte Auftragsschreiben auf den Tisch und lächelte mit großen Augen. Ich bedankte mich und lud ihn beim Verabschieden erneut zum Bier ein. An diesem Abend kam er nicht. Ich glaube, er musste zu Hause Geld zählen.

Mr. Teye legte ich das Auftragsschreiben auf den Tisch. Mit großen Augen sah er mich an, schüttelte den Kopf und sagte: »Ich habe Sie unterschätzt.« Ich antwortete: »Das habe ich von Ihnen gelernt.« Wir lachten, gratulierten uns gegenseitig und gingen zufrieden unserer Arbeit nach.

Nur zur Erklärung: Unsere Firma führte den Auftrag termingerecht und mängelfrei ohne Nachträge aus. Parallel dazu wurde eine vergleichbar große Baustelle von einer anderen Firma ausgeführt: Die ging in Konkurs. Die Nachfolgefirma erhöhte die Preisforderungen immens. Das Bauvorhaben wurde erst ein Jahr später fertiggestellt und war voller Mängel, so dass ein Teil wieder abgebrochen werden musste. Die daraus entstandenen Mehrkosten habe ich nicht mehr verfolgt.

21. Nice Looking and Strongly Built

Zu unserer Clique gehörte auch das Ehepaar Charlotte und Jörg. Sie waren im Auftrag einer großen Porzellan- und Steingutfirma aus Bayern nach Ghana gekommen. Sie sollten dort eine Porzellanfabrik für Gebrauchsporzellan wie Toilettenschüsseln, Waschbecken und Essgeschirr aufzubauen und in Betrieb nehmen. Jörg war unbestritten ein Organisationstalent mit viel Selbstbewusstsein und Charme.

Die Fabrik lag ca. 120 Kilometer außerhalb von Accra in Richtung Tahoradi an der traumhaften palmenbewachsenen Atlantikküste. Fast jede Woche kamen Charlotte und Jörg nach Accra. Jörg hatte meist behördliche Angelegenheiten zu erledigen, und Charlotte machte Einkäufe. Dann übernachteten sie in Accra, bei uns oder bei anderen aus der Clique, wo gerade etwas frei war. Jörg hatte als einziger Deutscher ein Auto mit Klimaanlage, wofür wir ihn alle beneideten bzw. bedauerten, wenn er den weiten Weg fahren musste und die Klimaanlage wieder einmal defekt war.

Charlotte war eine Katzenliebhaberin und hatte ihre Katze aus Deutschland mitgebracht. Ein Umzug nach Ghana ohne ihre »Miezi« wäre undenkbar gewesen.

Als sie eines Tages zu Besuch kam, hatte sie die Katze in einem Körbchen mit dabei. Sie war nach Charlottes Angaben vom Baum gesprungen oder gefallen, als ein Affe sie gejagt hatte. Dabei hatte sie sich nach Charlottes Diagnose einen Bruch zugezogen. Der Bauch war geschwollen und Miezi war etwas träge. In Accra gab es eine Veterinärklinik. Nach langer Suche in Telefonbuch und Stadtplan, mit tatkräftiger Unterstützung meiner Frau wurde diese dann auch aufgesucht. Freundlich, ja freudig wurde die Katze in der Aufnahmestation in Empfang genommen. Offensichtlich war für eine Tierklinik in Accra kein großer Bedarf vorhanden. Die Ärzte erklärten, die Katze müsse operiert und deshalb stationär aufgenommen werden. Mit Tränen in den Augen verabschiedete Charlotte sich von ihrem Liebling, und unter dem Zuspruch meiner Frau fuhr man zurück zum Haus. Alle waren voll der Hoffnung, dass alles gut gehen würde.

Nach dem vereinbarten Aufenthalt von zwei Tagen fuhren die beiden – voll ängstlicher Erwartung – wieder in die Klinik und wurden freudig begrüßt mit dem Satz: »She is just alive«.Offensichtlich war es eine Überraschung für die Veterinäre, dass die Katze die Operation überlebt hat.

Nachdem bezahlt war, wurde die Katze in ihrem Körbchen übergeben, die Damen fuhren nach Hause und beobachteten das Tier. Es atmete, aber war noch voll benommen und ohne weitere Reaktion. Das Fell sträubte sich von Stunde zu Stunde immer mehr und die Angst, dass die Katze den Eingriff nicht überleben würde, steigerte sich. Als ich nach Hause kam und die Stimmung

74

zwischen Hoffnung und Trauer spürte, machte ich den Vorschlag, das Fell der Katze mit Kamillentee abzutupfen und auch den Tee der Katze einzuflößen. Der Erfolg war durchschlagend, die Katze erwachte aus ihrem Dämmerschlaf und begann sich zu putzen. Die Freude war riesig und der Rücktransport möglich.

Zwei Wochen später kam Charlotte mit einer überraschenden Nachricht zu uns. Die Katze hatte drei Junge zur Welt gebracht, alle waren wohlauf. Verwundert machten wir uns Gedanken über die Qualifikation der Veterinäre, die offensichtlich bei der Operation nicht erkannt hatten, dass die Katze hochträchtig war. Aber es war ja alles gut gegangen.

Nur wenige Tage später konnte man in der Tageszeitung lesen, dass in der Porzellanfabrik Aufruhr herrschte. Der Manager, unser Jörg, sah sich unter Gewaltandrohung einer Revolution der Gewerkschaften bzw. seiner Mitarbeiter gegenüber. In fett gedruckten Lettern wurde Jörg mit »nice looking and strongly built« beschrieben. Gleichzeitig wurden ihm aber auch die Grenzen im Zusammenleben mit den Eingeborenen, denen gegenüber er sich oft sehr anmaßend verhielt, aufgezeigt. Dass »Yes Sir« nicht immer nur Zustimmung bedeutete, wurde uns auch in diesem Zusammenhang wieder sehr deutlich vor Augen geführt.

Jörg verließ die von ihm aufgebaute Firma und ging nach Deutschland zurück, um dann in einem anderen Land erneut Aufbauarbeit zu leisten. Später erfuhren wir, dass »seine« Firma in Ghana in eigener Regie mit immer weniger Erfolg weiterarbeitete. Schließlich drohte die Produktion ganz eingestellt zu werden, bis über die Regierung wieder ein Joint Venture Management-Auftrag erteilt wurde.

22. Einkaufen in Ghana

Unsere Firma bekam keine Lizenzen für den Import unserer Baumaschinen, da die Bank of Ghana über zu wenig konvertierbare Devisen verfügte. Auch die Grundversorgung mit bestimmten Produkten des täglichen Bedarfs war nicht immer gesichert. Fehlende Zahnpasta und Toilettenpapier oder Waschpulvermangel forderten die Fantasie der Bewohner heraus. Vor allem die der Europäer in Ghana war gefordert. Mir halfen dabei die Erinnerungen und Erfahrungen meiner Kindheit, die ich im Vorschulalter auf einem Bauernhof in Oberbayern verbringen durfte.

Auf der Toilette (einem Plumpsklo über der Odelgrube) wurden damals die Blätter der Kirchenzeitung, unbrauchbare Geldscheine des Inflationsgeldes und überflüssige Literatur, in handliche Größen geschnitten, auf einem spitzen Nagel an der Wand zur Wiederverwendung aufgespießt. Wegen der glatten und damit unbrauchbaren Oberfläche der vorbereiteten Papierstücke hatte meine Tante die Papierstücke vorher schön auf einen Zwirn gefädelt, in Wasser eingeweicht und dann in der Sonne trocknen lassen. Sie wurden dadurch griffig.

Unseren Hausboy habe ich in die Technik der Toilettenpapier-Präparation eingeführt, und mit großem Spaß zeigte er auf der Straße dem Hausboy des Nachbarn am nächsten Tag das Ergebnis. Ob es zur Nachahmung empfohlen wurde, weiß ich nicht.

Auch ohne Zahnpasta ist das Zähneputzen mit Kochsalz nicht wirkungslos. Die Ghanaen verwenden kleine weiche Zuckerrohrstäbchen, die, am Ende zerbissen, einen bürstenähnlichen Strunk ergeben, auf dem sie stundenlang mit ihren Zähnen herumbeißen und sie reinigen. Das Ergebnis der blütenweißen Zahnreihen kann man bei jedem Lächeln bewundern.

Die Versorgung mit Waschpulver war ein gesondertes Erlebnis, da das Waschpulver nur in eingeschweißten Einheiten von je ca. zehn Gramm in Form einer Plastikkette, ähnlich einer Bonbonkette, verkauft wurde. Lange Schlangen warteten auf die Zuteilung von ein oder zwei Kettenschnüren. Mehr wurde an eine Person nicht verkauft.

Eines Tages organisierte mein Fahrer mit dem Hausboy, dem Koch und dem Gärtner eine konzentrierte Einkaufsaktion, in der sich alle drei an den unterschiedlichen Verkaufshäuschen für Waschpulver anstellten. Anschließend lieferten sie ihre gesamte »Beute« mit strahlendem Lächeln bei meiner Frau ab, was diese mit großem Lob honorierte.

Ja, das Einkaufen in Ghana war immer ein Erlebnis. Im CNCC, einem Einkaufszentrum, besser gesagt einem mehrstöckigem Kaufhaus, gab es eine Fleischer-Abteilung, die in blank geputzten Blechschalen ihre Ware feilbot. Als meine Frau einkaufen wollte, waren leider alle Schalen leer, nur in einer Schale lagen noch drei Wollwürste. Sie orderte also diese, sie wurden sofort gewogen und in Papier eingewickelt über den Tresen gereicht. »Kann es sonst noch was sein?«, fragte der Verkäufer freundlich. »Was haben sie noch?« Antwort: »Nichts.« »Warum fragen sie dann?« Es folgte ein breites Grinsen übers gesamte Gesicht, verbunden mit einem Achselzucken, und es endete mit »Yes Sir«.

Schräg gegenüber auf der anderen Straßenseite gab es einen kleinen Gemüse- und Obststand, an dem meine Frau gerne einkaufte. Eine junge Ghanain mit ihrem Baby auf dem Rücken lächelte und verkaufte mit Charme und

Witz ihre Ware. Anfangs noch unerfahren, wollte meine Frau orangefarbene Orangen kaufen. Entsetzt klärte die Verkäuferin meine Frau auf, dass diese Orangen nicht mehr essbar seien, sondern schon überreif. Die grünen Orangen seien die richtigen. Und diese grünen Orangen hatten in der Tat einen Geschmack nach Orangen, den unsere in Europa angebotenen orangefarbenen Apfelsinen nie erreichen.

Interessanter, aber für Europäer nur bedingt nutzbar ist der große Markt in Accra, der Makola-Market. Unser Erlebnis auf dem dortigen Fleischermarkt war folgendes: Auf der Wellblechüberdachung saßen zwei Geier und warteten, bis der Markt zu Ende ginge und sie die Abfälle zum Fraß bekämen. Auf dem offenen Tisch darunter lagen zwei Gazellen. Sie hatten noch Fell und alle Eingeweide, waren also genau so, wie der Jäger sie geschossen hatte. Auf Wunsch einer Käuferin wurde dann eine Scheibe, gestikulierend als Handbreite definiert, quer zum Rumpf abgeschnitten, durch das Fell, die Knochen und die Eingeweide hindurch, dann wickelte man den Klumpen kunstvoll in große grüne Blätter. Wen wundert's, dass uns da der Appetit vergangen war!

Die deutschen Frauen hatten einen Ausweg gefunden, um der Unterversorgung an notwendigen Gebrauchsgütern zu begegnen. Die Ehefrau des Commercial Managers der deutschen Botschaft fuhr mit dem Auto ihres Ehemannes mit einem KFZ-Kennzeichen des diplomatischen Corps mit unseren Frauen in das Nachbarland Togo. In Togo gab es alles. Zum Geldwechseln steuerte man in Lome die Metzgerei der Firma Marox an, die von deutschen Metzgern geführt war und sehr schmackhafte Leberkässemmeln anbot. Dann ging es ins Kaufhaus und man kaufte so viel, wie gerade noch in das Auto passte und was die Fahrzeug-Achsen aushielten. Der Vorteil des CC-Kennzeichens am Auto war, dass keine Verkehrskontrolle das Fahrzeug aufhielt und kontrollierte, weder an der Staatsgrenze noch an den vielen Straßensperren im Land.

Die Freude beim Abendessen war groß, doch der Vorrat an erstandenen Delikatessen wie Leberkäse, Essiggurken und Hartwurst hielt nicht sehr lange, meine Gier danach war einfach zu groß.

Die schlechte Versorgung mit notwendigen Gebrauchsgütern war offensichtlich das Ergebnis der korrupten Handhabung von Import-Lizenzen, denn Ghana ist eigentlich ein reiches Land: Als größter Kakaoproduzent der Welt mit reichen Gold- und Diamantminen wäre das Haushaltsbudget eigentlich gesichert. Doch bei Verwendung der Devisen für den Kauf der verrücktesten Dinge blieb für den Import wirklich wichtiger Dinge nichts mehr übrig. So stehen z. B. am Flugplatz noch neun Schneefräsen (Bei Minimaltemperaturen von +8°C in Ghana) oder Gartenzwerge in allen Größen. Für notwendige Grundbedarfsartikel für die Bevölkerung oder Maschinen für die Eigenproduktion benötigter Produkten, wie z. B. für Schuhfabriken, gab es dann kein Geld mehr.

23. Ein Sonntagsausflug

Ein freies Wochenende wurde immer gemeinsam mit Freunden geplant und verbracht.

Sehr aktiv und mobil war die Familie Benignus, weil die einen VW-Bus hatten. Er ermöglichte es, Kühlboxen, Kleidung, Schuhe zum Wechseln sowie Filmkameras zu verstauen.

Der Entschluss, zum Tal der Fledermäuse (Wli-Wasserfälle) zu fahren, war gefasst, und nach ca. zwei Stunden Fahrzeit fanden wir die Abzweigung zu den Wasserfällen bzw. den dazugehörigen Parkplatz.

Wir mussten uns in einer Hütte anmelden und ich glaube auch einen Obulus entrichten.

Dann starteten wir einen Fußmarsch durch den Urwald auf dem Weg zu einer steil abfallenden Felswand. Ein Bach mit klarem Wasser war zu überqueren. Also hieß es: Schuhe ausziehen, barfuß durchwaten und Schuhe wieder anziehen. Der Bachlauf querte unseren Weg mehrfach, ich glaube mindestens zehnmal, aber bei der dritten Querung versteckten wir unsere Schuhe im Busch und gingen barfuß weiter. Uns fiel auf, dass der Boden immer glitschiger wurde.

Die hohen Bäume, durch die der Weg führte und die etwas kahlblättrig wirkten, trugen schwarze Früchte. Aber bald wurden sie als Fledermäuse identifiziert. Ein Pfiff durch die Finger erschreckte die Tiere offensichtlich und scheuchte einen Schwarm aufgeschreckter Fledermäuse auf. Der Himmel verdunkelte sich, so dicht war die Menge. Ich habe noch nie so viele Fledermäuse, ja Millionen, gesehen. Sie beruhigten sich aber schnell wieder und ließen sich auf den Baumästen in großer Höhe nieder. Die glitschige Masse auf dem Weg war offensichtlich der Kot der Fledermäuse, der aber geruchlos war bzw. vom dominanten Duft des Urwaldes übertönt wurde.

Nach einem Fußmarsch von ca. einer Stunde, das Rauschen des Wasserfalls war bereits zu hören, bogen wir um eine Kurve und sahen das ganze überwältigende Naturschauspiel. Der mit 160 Metern gigantisch hohe Wasserfall stürzt in einen kleinen See. Die Felswand dahinter war mit weißen Lilien bewachsen und mit Fledermäusen bevölkert. Zwei Ghanaenkinder badeten im Wasser, während auf einer angrenzenden Grasfläche ein älterer Weißer auf einer der vorhandenen Bänke saß. Er hatte ein Whiskyglas in der Hand und hörte Mozart aus zwei überdimensionalen Lautsprecherboxen.

Grinsend hieß er uns willkommen und zeigte uns seine Stereoanlage, die sein Boy hierher getragen hatte. Das Naturschauspiel, die Musik, der angebotene Whisky schufen eine unbeschreibliche Stimmung um und in uns. Eine heitere innere Ruhe erfasste uns und ließ uns lächeln. Ein Lächeln, das dem der immer freundlichen Ghanaen ähnelte.

Nach einigen Stunden wanderten wir zurück, aber es dauerte doch eine ganze Weile, bis wir unsere Schuhe wiedergefunden hatten, denn ein Busch neben einem Bach sieht aus wie der andere.

Plötzlich flatterten wieder riesige Schwärme von Fledermäusen aus dem Tal. Der Boy, der die Stereoanlage für seinen Master trug, erzählte uns, dass die Fledermäuse jeden Tag abends ins Landesinnere ziehen. In der aufbrechenden Dunkelheit nehmen sie ihre Nahrung auf.

Darunter musste auch eine Gärtnerei in der Nähe leiden. Sie stand unter deutscher Leitung im Rahmen eines Entwicklungshilfeprojektes und baute auf großen Flächen Gemüse an. Trotz erheblicher Abwehrmaßnahmen verlor sie einen bedeutenden Teil der Ernte an die Fledermäuse.

24. Abschied aus Ghana

Das Wasserprojekt war für mich erledigt und mein Vertrag mit der deutschen Baufirma mit einer Laufzeit von zwölf Monaten war abgelaufen. Auf Drängen des Firmenchefs verlängerte ich noch um einen Monat, da er für mich noch keinen Nachfolger gefunden hatte.

So schön es in Ghana auch war, etwas Heimweh, die Befürchtung meiner geistigen »Verbuschung« und die Existenzängste um mein Ingenieurbüro in Deutschland bewogen mich doch dazu, nach Europa zurückzukehren.

Unvergessen bleibt eine große Abschiedsparty, die bis in den Morgen dauerte. All unsere Freunde, die wir in der kurzen Zeit in Ghana gefunden hatten, begleiteten uns zum Flughafen und nahmen mit uns noch einen Abschiedstrunk in der VIP-Lounge.

Nicht alles, was ich hier berichtet habe, spiegelt die damaligen tatsächlichen Verhältnisse in Realzeit wider, manche Eindrücke, und zwar meist die positiven bzw. erlebnisreichen, bleiben besonders wach im Gedächtnis. Und das ist gut so.

Zurück in Deutschland, dachten wir all die Jahre hindurch oft an die schöne, fröhliche Zeit in Ghana zurück, stets mit dem Wunsch, noch einmal in dieses Land zu fliegen und seine weitere Entwicklung zu verfolgen.

Ghana 1975

Uhrmacher

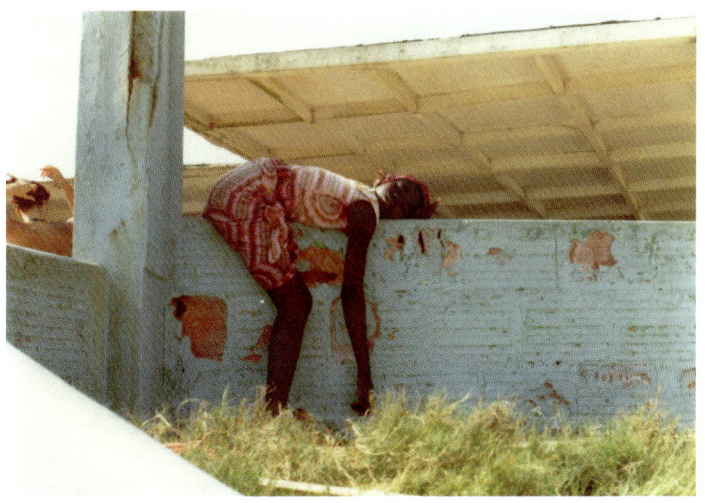

Relaxing auf Ghanaisch

Dorffest in Aburi

Fachgeschäft für Büstenhalter. Wer möchte hier nicht
eine Anprobe machen?

Ghana 2006

Marktleben

Superkaufhaus GNTC (jetzt vor dem Abbruch)

Makola-Markt

86

Ghana 2006

Wer von uns beiden die Idee zuerst hatte, weiß ich nicht mehr. Jedenfalls schenkte ich meiner Frau zum Geburtstag eine Reise nach Ghana. Nach mehrmaligem Verschieben des Reisetermins standen wir schließlich am 17. Januar 2006 vormittags pünktlich am Flughafen. Wegen eines Maschinenschadens kam die KLM-Maschine erst mit zwei Stunden Verspätung an. Da es zu diesem Zeitpunkt in München schneite, wurde eine der Startbahnen zum Schneeräumen gesperrt, was zu weiterer Verzögerung führte. Nach dem Einchecken in die Maschine warteten wir im Flugzeug weitere vier Stunden wegen der nötigen Enteisung der Tragflächen.

Somit war klar, dass die Anschlussmaschine in Amsterdam nicht auf uns warten würde. Dort angekommen, wurde unser Flug auf den nächsten Tag umgebucht, über Mailand nach Accra.

Ein kostenloser Hotelaufenthalt in einem 4-Sterne-Hotel mit schönem Abendessen und einigen Drinks an der Bar haben uns einigermaßen mit den Verspätungen und Ärgernissen versöhnt.

Der Flug von Amsterdam, von dem irritierend großen, wild verzweigten Flughafen nach Mailand, startete pünktlich, und da wir zur Business-Class hochgestuft worden waren, genossen wir auch die Verpflegung mit zwei Dosen Bier und gesalzenen Nüssen sehr.

Nach weiteren drei Stunden Wartezeit auf dem Flughafen Mailand bestiegen wir endlich den Alitalia-Jumbo nach Accra, der bereits zu ca. 30 Prozent mit Schwarzen besetzt war. Die Warterei war aber auch dann noch nicht zu Ende. Eine ganze weitere Stunde saßen wir im Flieger, um einen verspäteten Anschluss-Passagier aufzunehmen.

Da fiel mir eine spöttische Bemerkung aus früheren Zeiten wieder ein. Alitalia ist die Abkürzung für »Always Late In Takeoff, Always Late In Arrival«. Wie wahr!

Nach einer Zwischenlandung in Lagos (Nigeria), bei der einige betrunkene Nigerianer zustiegen und damit das Flugzeug proppenvoll wurde, landeten wir um Mitternacht in Accra. Die schwül-warme Luft von 27°C erinnerte mich sehr an meine erste Ankunft in Ghana vor dreißig Jahren.

In alten Erinnerungen schwelgend, fuhren wir gegen 1 Uhr morgens mit dem Taxi zum gebuchten Hotel. Da wir einen Tag zu spät angekommen waren, hatte das Hotel unsere Buchung storniert, und nun war man überbucht. Man bat uns, einen Drink einzunehmen, bis geklärt war, in welchem Hotel Accras wir untergebracht werden konnten. Nach einer halben Stunde erschien der Rezeptionist freudestrahlend mit der Nachricht, er könne uns ein Zimmer im Hotel Golden Tulip anbieten. Das Taxi brachte uns dorthin und wir wurden vom Komfort dieses »Ersatzhotels« angenehm überrascht.

Mein Versuch, am nächsten Morgen ein Auto zu mieten, wurde insofern erschwert, als ein Auto nur mit Fahrer vermittelt wurde. Ich wollte aber die Plätze unserer Erinnerungen in eigener Regie aufsuchen. Die Leute von der Vermietgesellschaft erklärten mir, dass zu viele gemietete Autos einfach verschwänden und nie mehr zurückgebracht würden. Ich erklärte ihm meinen besonderen Fall, nämlich dass ich vor dreißig Jahren in Ghana gearbeitet hatte und nun meine Erinnerungen auffrischen wollte. Als ich ihm als Pfand meinen Reisepass anbot, lächelte er, mehr zornig als freundlich. Dann öffnete er die Schublade seines Schreibtisches und zeigte auf eine

Vielzahl von Reisepässen von Automietern, die nicht mehr zurückgekehrt waren. Wegen der geringen Kosten entschlossen wir uns dann, ein Taxi zum Stundenpreis anzumieten. Bereits nach kurzer Zeit erkannten wir, dass unsere Ortskenntnisse durch die gigantischen Veränderungen der Stadt, und vor allem durch die neuangelegten Straßenzüge, unbrauchbar geworden waren. So waren wir froh, dem ortskundigen Taxifahrer unsere Ziele zu nennen und sie zu finden, wie z. B. die Tennisanlage im »Tessano-Club«. Tief enttäuscht waren wir über den Zustand der Clubanlage, die total verwildert dem Verfall überlassen war. Damals war der Tessano-Club, mit einem Schwimmbad neben der Tennisanlage, *das* gesellschaftliche Zentrum der Europäer gewesen.

Schwieriger wurde es dann, unser damaliges schönes Haus wiederzufinden, da wir unserem Driver keine Adresse angeben konnten, sondern nur erahnten, dass die jetzige Stadtautobahn unsere frühere Anliegerstraße war. Doch wir fanden es irgendwann – und wurden auch hier unserer Illusionen beraubt. Totale Vergitterung der Fenster- und Terrassenflächen ließ auf schlechte Erfahrungen mit Einbrechern schließen. Auch schien es offensichtlich unbewohnt und wirkte heruntergekommen. Genauso wie all die umliegenden Gebäude jetzt einen sehr ungepflegten Eindruck machten, ganz im Gegensatz zu damals, »unserer Ghana-Zeit«.

Die Fahrt in die Downtown erschien uns unendlich lang, denn der Verkehr hatte sich mittlerweile verzehnfacht und wurde durch viele Baustellen noch mehr beeinträchtigt. Insgesamt gab es viel mehr Menschen auf den Straßen, und die Einzelhändler hatten ihre Stände in Dreierreihen auf den Gehwegen und Fahrbahnflächen aufgebaut. Die früheren großen Kaufhäuser wie GNTC und Kingsstore waren jetzt geschlossen, mit zerborstenen Fenstern in abbruchreifem Zustand. Daneben hatte man neue Kaufhäuser und Bürokomplexe hingestellt.

In diesen dreißig Jahren hat die Stadt sich unwahrscheinlich verändert. Hochhäuser für Verwaltungen und Büros säumen die neu gebauten Stadtautobahnen. An deren Kreuzungspunkten fließt der Verkehr teilweise in mehreren Ebenen übereinander.

Während einer Pause im Palm-Beach-Hotel, in der unser Fahrer sich um einen Stadtplan bemühte, diskutierten wir über den Wandel und die Entwicklung der Stadt. Wir sinnierten über die übermäßige Zunahme der Bevölkerung und die Verzehnfachung des Verkehrs sowie über die Vielzahl von teuren Autos. Die Vorstellung, nachts im Rückwärtsgang zwei Kilometer von der Kneipe nach Hause zu fahren, erschien mir jetzt utopisch.

Wir kamen auch auf die politische Entwicklung zu sprechen und auf die breite Zustimmung in der Bevölkerung zur Politik des derzeitigen Staatspräsidenten Koufur mit seinem wirtschaftlichen Ausbau des Landes. Die Armut von vor dreißig Jahren, hervorgerufen durch die Korruption und das Unvermögen der Militärdiktaturen, hatte sich auf breiter Ebene in Wohlstand verwandelt.

Nach dem Putsch des damals erst 33-jährigen Fliegerleutnants J. J. Rawlings im Jahre 1979 wurde im Land Ghana Ordnung und Stabilität durchgesetzt und später mit einer neuen Verfassung demokratisch geordnet. Das Land entwickelte sich aus eigener Kraft, unter ordentlicher politischer Führung sowie der Verwertung der vorhandenen Ressourcen, zu einem der wohlhabendsten Länder der Dritten Welt.

20. Januar 2006

Unser Taxifahrer hatte uns pünktlich um 10 Uhr abgeholt und fuhr uns über Umwege in den Botanischen Garten von Aburi, weil die Hauptstraße wegen Bauarbeiten gesperrt war. Der Garten war enttäuschend schlecht besucht und ungepflegt. Das lag aber wohl an der Jahreszeit, denn im Winter ist Trockenzeit und die Laubbäume wechseln ihre Belaubung innerhalb von wenigen Wochen. Somit waren auch keine Blüten zu bewundern, die wir so herrlich aus anderen Jahreszeiten in Erinnerung hatten.

Auf der Rückfahrt fuhren wir auf einen Drink zum Golfplatz in Accra. Ein Pro begrüßte uns spontan und ließ uns die herzliche Freundlichkeit der Ghanaen wieder einmal erfahren. Bei einem Bier erzählte er uns die wesentlichen Geschehnisse im Club. So sollte z. B. am nächsten Tag ein Turnier mit 200 Teilnehmern stattfinden. Beginn sei um 6 Uhr morgens. Außerdem seien die Geier auf dem Fairway gutmütig und würden bei Annäherung sofort wegfliegen. Und das Wichtigste: dass die gewalzten Erdflächen, die früher als Greens gedient hatten, vor einem Jahr in schöne bewässerte Grüns umgebaut worden waren.

Auf der überdachten Terrasse saß ein Weißer, mit dem uns der Pro bekannt machte. Er war Berliner und einer von acht internationalen PGA Pros, die sich um die Gleichartigkeit der Trainingsmethoden auf der Welt bemühten. Dass es in Ghana inzwischen drei Golfplätze gebe und beide anderen schöner als der von Accra sei, hörten wir von ihm. Accras Club sei mit 800 Mitgliedern auch überlastet. Leider mussten wir unser Gespräch bald beenden, weil er mit ca. 15 Ghanaischen Pros ein

Abschlussgespräch führen sollte, denn am nächsten Tag wollte er nach Hause fliegen. Auch wir verabschiedeten uns, da meine Frau in der Stadt noch Afrika-Kleider kaufen wollte. In einer Seitenstraße fanden wir eine kleine Näherei am Gehweg, innerhalb von zehn Minuten wurde meine Frau fündig und erstand drei Kleider in prächtigen Farben und Batikmustern. Auch für meine Kamera fanden wir in einem Fotogeschäft einen Profi, der die Limitierung des internen Speichers aufheben konnte, was mir ohne Gebrauchsanweisung nicht möglich gewesen war. Nach einem Erinnerungsfoto von dem freundlich lachenden Geschäftsinhaber fuhren wir zurück zum Hotel.

Abends waren wir erneut mit dem Taxi auf der Suche, dieses Mal nach unserer geliebten Kneipe dem ›Le Reve‹, dem Treffpunkt vieler Europäer und unseres Freundeskreises. Es lag in der Nähe des Nkrumah Circle. Heute steht da das »Vienna«. Ein Flachdachanbau auf dem früheren vorgelagerten Parkplatz und ein totaler Umbau im Inneren steigerten unsere Enttäuschung. Big-TV-Screen-Wände, mehrere Wasserfälle, die aus der Wand plätscherten, und einarmige Banditen säumten ca. zehn Pool-Billard-Tische. Daneben gab es einen Speisebereich, um einige Stufen erhöht, nobel bestuhlt und gedeckt. An der Bar saß ein älterer weißer Arabertyp, der dem gesuchten alten Freund, dem Libanesen Mike, nur wenig ähnlich sah. Er schielte auch nicht, wie unser Freund es tat. Somit schied er als Mike aus!

Die Küche war ungenießbar und die Frage nach dem derzeitigen Eigentümer klärte die Situation. Ein Kroate hatte die Anlage gekauft und wenige Monate zuvor umgebaut. Schade!

21. Januar 2006

Wie immer um 10 Uhr starteten wir mit unserem Taxi und suchten den Ghana-Art-Market, der früher entlang der Küstenstraße mit mehreren Ständen platziert war. Unser Fahrer fuhr auf ein weites Gelände am Meeresstrand, das immer noch weiter aufgeschüttet wird. Am Straßenrand spendeten einige Bäume Schatten, und dahinter befand sich eine ghanaische Marktanlage mit schmalen sich kreuzenden Gassen vom zigfachen Ausmaß der damaligen Größe. Das Angebot an Holzmasken, dünngliedrigen Bronzefiguren und mit Schuhcreme polierten Holzfiguren in allen Größen, alle mehr oder minder »auf alt gemacht«, überwältigte uns. In einem riesigen Bereich waren Textilien im Ghana-Look und auch FC-Bayern-Schals zu haben. Meine Frau entschied sich für ein weiteres schön gesticktes Afro-Kleid für zwanzig Euro.

Auf der Weiterfahrt nach Tema, entlang der Küste, sahen wir noch Fischer mit ihren großen Einbäumen. Verkaufsstände mit frischen und getrockneten Fischen säumten den Straßenrand. In der prallen Sonne und in den Fischgeruch gehüllt warteten die Verkäufer auf Kundschaft. Ein gestrandeter Frachter rostete vor sich hin und die Hafenstadt Tema war so hässlich wie ehedem und – so glaube ich – wie jede Hafenstadt Afrikas.

Der Hafen war mindestens um das Dreifache erweitert und modernisiert worden. Große Hafenkrananlagen sind weithin sichtbar und gigantisch hohe Siloanlagen aus Beton, die laut Aussage unseres Drivers nie benutzt wurden, rosten vor sich hin.

Der eigentliche Grund unserer Fahrt nach Tema war, meine damalige Baustelle zu suchen. Wir wollten »High

Court Tema«, das fertige Gerichtsgebäude, besuchen und erfahren, inwieweit die Exhumierung der Menschenknochen die Geister beunruhigt hatte bzw. ob Risse entstanden sind. Leider war auch diese Suche ergebnislos, da die damalige Landschaft mit Busch-Vegetation und Jam-Feldern einer industriellen Bebauung gewichen ist und ein Stadtplan nicht zur Verfügung stand. Enttäuscht fuhren wir über die Autobahn zurück nach Accra. Die von dem Münchner Ingenieurbüro Dorsch geplante Betonautobahn hatte sich in diesen dreißig Jahren sehr gut erhalten, nur kostete sie jetzt eine kleine Mautgebühr.

Das Abendessen am Pool war der orientalischen Küche gewidmet und löste bei uns wegen der großen Schärfe keine Begeisterung aus. Noch weniger die zehnköpfige Live-Band, von der mindestens drei der Mitglieder hier die ersten Versuche, ein Instrument zu spielen, unternahmen und entweder Ton oder Rhythmus verfehlten.

22. Januar 2006

Beim Aufwachen heute konnte ich bei geöffnetem Fenster aus der nahegelegenen Kirche den Gesang der Sonntagsmesse hörte. Eigentlich hatte ich die Schar von Frauen, die früher für den Kirchgang alle gleich gekleidet waren und nach der Messe auf der Straße im Rhythmus der Lieder tanzten, fotografieren wollen. Doch der große Parkplatz neben der Kirche war überfüllt und die nicht tanzenden Frauen alle elegant gekleidet, nicht in der einheitlichen Kirchentracht. Auch die Tatsache, dass die Ghanaen es nicht mehr duldeten fotografiert zu werden – früher stellten sie sich in Position, wenn sie eine Kamera sahen –, ließ uns diese Aktion abbrechen. Wir fuhren stattdessen zum Golfplatz, um für den nächsten Tag einen Abschlag zu vereinbaren.

23. Januar 2006

Zu meiner Verwunderung wurde ich am Golfplatz von mehreren Herren herzlich begrüßt. Alle kannten mich und wussten, dass ich schon zweimal im Club gewesen war. Der Manager besorgte mir ein komplettes Bag, sechs Bälle, Greenfee, eine Flasche Wasser und Pit den Caddy.

Über mein Spiel zu berichten erübrigt sich. Nach dem 8. Loch fragte mich Pit, ob ich 18 Löcher spielen wollte. Als er an meiner Gesichtsfarbe sah, dass ich von der Hitze einer Ohnmacht nahe war und an der Hand durch den Schweiß eine dicke Blase hatte, schlug er mir eine Abkürzung vor.

Im Clubhaus dann wurde auf der großen überdachten Terrasse im Fernsehen das Tennisspiel »Federer gegen Haas« aus Melbourne übertragen, und nach einem großen Bier kamen meine Lebensgeister wieder zurück.

Während des Golfsspiels hatte ich mit Pit, der sich als Caddy sein Studium verdiente, über die Regierung Kufour und die Entwicklung Ghanas gesprochen und zum ersten Mal Kritik gehört. Seine Aussage erinnerte mich an meine Zeit im Ghana von 1975. Damals rafften die einzelnen Staatspräsidenten alle Reichtümer an sich, bis sie durch Putsch abgesetzt und fast immer erschossen wurden. Leider lernten sie nicht daraus, sondern fuhren immer mit den gleichen Methoden fort und endeten somit auch immer gleich. Pit berichtete, dass es Bestrebungen gäbe, J. J. Rowling wieder zu wählen. Er war der einzige Präsident, der Ghana innerhalb von acht Jahren in Bezug auf Gesetzgebung und wirtschaftliche Entwicklung ohne erkennbaren Eigennutz zukunftsweisend regiert und das Land zur Unabhängigkeit und Frieden geführt hatte. Im Gegensatz dazu hemmt in fast allen anderen afrikanischen Ländern die Korruption eine positive Entwicklung.

24. Januar 2006

Meine Frau brauchte noch ein Geschenk oder Mitbringsel, und so fuhren wir wieder zum Ghana-Art-Market. Ich freute mich auf das nächste TV-Fußballspiel des derzeit in Ägypten stattfindenden Africa-Nation-Cup und auf das dazugehörige Bier im gekühlten Clubsaal im Hotel.

Der Versuch, meinen damaligen ghanaischen Partner, Mr. Evan Teye zu finden, scheiterte genauso kläglich wie tags zuvor die Suche nach meiner Baustelle in Tema. Im Business-Center mit Internet-Centrale des Hotels schüttelte man den Kopf auf meine Frage nach einem Telefon- oder Branchenbuch. Auch der Versuch, im Internet weiterzukommen, war erfolglos.

Nach einem letzten Abendessen am Pool bei sanfter afrikanischer Livemusik diskutierte ich mit meiner Frau über das Buch »Weltmacht im Treibsand« von Peter Scholl-Latour. Im Hinblick auf die vergangenen Tage in Ghana und auf unsere früheren Erlebnisse in diesem Land zogen wir das Resümee, dass der Missbrauch der Macht von George W. Bush in den USA oder Kufour in Ghana oder einem religiösen Fanatiker wie Bin Laden oder Khamenei im Iran immer wieder möglich sein wird, selbst in mehr oder minder funktionierenden demokratischen Regierungssystemen. Wegen der morgigen Heimreise und nach einem kräftigen Absacker an der Bar verabschiedeten wir uns herzlich von unserem freundlichen ghanaischen Hotelpersonal.

25. Januar 2006

Bei einem längeren Spaziergang am Morgen um das Hotel fand ich eine wilde Siedlung mit Ghana-Art-Künstlern. Hier wurden die erwähnten Figuren geschnitzt, kopiert, künstlich gealtert, mit Schuhcreme gefärbt und in liebevoller landesüblicher Wortgewalt angeboten. An einer Straßenkreuzung kaufte ich mir von einem der zwischen den Autos springenden Straßenhändler den Daily Graphic. Außerdem bieten sie noch Kaugummis, Kalender, Landkarten, Heiligenbilder, Chips usw. an. Zurück im Hotel bestellte ich einen kalten Drink, der innerhalb weniger Minuten so warm war wie das Wasser im Pool.

Unsere nächtliche Rückreise mit der KLM war glücklicher als der Hinflug, da es dieses Mal keine Zwischenfälle und Wartezeiten gab, doch der Empfang in Deutschland bei minus 15 Grad war ein Schock.

What's changed?

Ghana nach dreißig Jahren wiederzusehen war beeindruckend, wenn auch zwiespältig. Das Land hat sich in der Zwischenzeit unwahrscheinlich entwickelt. Die Infrastruktur mit fantastisch ausgebautem Straßennetz in den Städten und im Land, Telekommunikation, Häfen, internationale Flugverbindungen und Hotels mit Business-Plattformen vermitteln den Eindruck, dass es alles gibt, was einen modernen Staat ausmacht. Die positive wirtschaftliche Entwicklung des Landes ist verbunden mit einer unglaublichen Menschenkonzentration in Accra. Dies führt nach meinem Verständnis zu unmenschlichen Verhältnissen in der Stadt. Auf den Märkten, auf den inzwischen breiten Straßen ist alles eingeengt und voll. Fehlende sanitäre Einrichtungen und ähnliches im öffentlichen Raum verstärken das Problem.

Die Spaltung des Volkes in Arm und Reich vertieft sich immer weiter, da sich die kommenden Generationen zu schnell vermehren. Sie erhalten zwar eine schulische Grundausbildung in den Städten, aber keine Chancen zu einem menschenwürdigen Dasein nach unseren Vorstellungen. Eine Vollbeschäftigung dieser Menschenmassen im Lande kann nicht stattfinden.

In Ghana kann man aber auch nicht verhungern und nicht erfrieren. Das Land bzw. die Vegetation neben den Straßen mit Yam-Wurzeln, Bananen usw. erfüllt zumindest bescheidene Überlebensvoraussetzungen.

Aufgefallen ist mir das gewachsene Selbstvertrauen bzw. Selbstbewusstsein der Ghanaen. Die Aussage »Yes Sir« gibt es in Ghana nicht mehr. Die Ghanaen haben sich im Bewusstsein von einem unterwürfigen Kolonialvolk, zumindest den weißen Mitbürgern gegenüber, zu einem selbstbewussten Menschentypus entwickelt. Beim täglichen Lesen der regionalen Presse fand ich Artikel über kritische Parteienauseinandersetzungen, erfolgreiche Entwicklungen, ja sogar über ghanaische Entwicklungshilfe für den Sudan und Mali. In diesen zehn Tagen hörte ich nicht *einmal* »Yes Sir«. Fotografieren ohne vorherige Zustimmung endete mit lautem Protest. Die Frauen in der Stadt glätten sich alle die Haare und wirken damit meist sehr elegant. Die Männer der jüngeren Generation tragen eine kahl rasierte Glatze statt der gekräuselten Haare. Das ist auch eine Erscheinung, die das geänderte Selbstbewusstsein widerspiegelt.

In keinem afrikanischen Land fand meines Wissens in den letzten dreißig Jahren eine solch rasante Entwicklung statt. Man kann nur wünschen, dass nicht Geldgier, Korruption oder Krieg, veranlasst durch einen Machthaber oder religiöse Fundamentalisten, diese Entwicklung negativ beeinflussen werden. Das Problem der Überbevölkerung in Ballungsräumen zu lösen, ist groß genug.

Ghana ist eine Reise wert.

Yes Sir.